Tanja Berlin
Doerthe Eisterlehner

Kochlöffel küsst Häkelnadel

Tanja Berlin Doerthe Eisterlehner

Kochlöffel küsst Häkelnadel

Mit Fotos von Sophie-Louise Kleile

Verlag Freies Geistesleben

Inhalt

UNSERE IDEE

Anderen eine Freude zu machen, sie zum Lächeln und die Augen zum Strahlen zu bringen, gehört zu den schönsten Momenten im Leben – nicht nur an besonderen Festen oder Anlässen, wie Geburtstagen, Weihnachten oder zum Muttertag, sondern auch zwischendurch, einfach für dieses wunderbare Glücksgefühl.
Sind die Geschenke auch noch selbst gemacht, egal ob aus leckeren Zutaten oder feinster Wolle, ist die Freude gleich doppelt so groß. Denn in jedem selbst gemachten Geschenk steckt auch immer eine extra große Portion Liebe.
Unser Buch ist eine Mischung an Geschenkideen aus der Küche und den passenden Häkeleien dazu. Für kleine und für große Menschen, für Liebhaberinnen und Liebhaber süßer und salziger Speisen, für Kräuterfans genauso wie für Wichtelverliebte. Auf den folgenden Seiten finden Sie verschiedenste Leckereien, die man genießen kann und dazu passende zuckersüße Häkelideen, die das Herz und die Augen gleichermaßen erfreuen. Was für eine wunderbare Kombination!
Eingeteilt sind sie in vier Kategorien, sodass alle ihre Lieblingsidee ganz schnell wiederfinden: Zauberhaftes für die Osterzeit, für die Kleinen, für das pure Gartenglück und die gemütliche Winter-Weihnachtszeit.
Wir haben für Sie den Kochlöffel, Teigschaber und die Häkelnadel geschwungen und herausgekommen sind 26 Rezepte mit den passenden Häkelanleitungen und zwischendrin immer noch hier und da eine kleine zusätzliche Kreatividee. So wird es bei Ihnen nicht nur köstlich aus der Küche duften, sondern es werden auch allerlei schöne Dinge von Ihren Häkelnadeln hüpfen.
Wir wünschen Ihnen von Herzen viel Freude mit diesem Buch und beim Häkeln, Kochen, Backen und Verschenken.

Ihre Doerthe Eisterlehner und Tanja Berlin

Osterfestliches

KAROTTENMARMELADE MIT MARMELADENGLAS-HÄUBCHEN

Stellt man sich eine Marmelade mit Möhren vor, kommt einem sofort die Frage: Schmeckt das wohl? Wir probierten hin und her, die ganze Küche duftete köstlich nach Möhre, Apfel und Mango – und nun gehört die Karottenmarmelade zu unseren absoluten Lieblingsmarmeladen. Dazu haben wir uns ein süßes gehäkeltes Möhrenhäubchen für das Marmeladenglas ausgedacht. Was für ein zauberhaftes Geschenk aus der Küche!

Zutaten

je nach Größe ca. 4 Gläser

- 500 g Möhren
- 500 ml Apfel-Mango-Saft (gibt es fertig zu kaufen oder den Saft 50:50 selbst mischen)
- 500 g Gelierzucker 2:1
- Saft von einer Zitrone

KAROTTENMARMELADE

1. Die Gläser und Deckel in einem großen Topf einmal auskochen, damit sie ganz sauber sind. Auf einem Geschirrtuch trocknen lassen.
2. Die Möhren waschen, schälen und möglichst klein schneiden. Zusammen mit dem Apfel-Mango- und Zitronensaft für 20 bis 25 Minuten köcheln, bis die Möhren weich sind.
3. Die Saft-Möhren mit dem Pürierstab im Topf so lange pürieren, bis die gewünschte Cremigkeit erreicht ist.
4. Nun den Gelierzucker hinzugeben. Alles im Topf erneutl aufkochen und mindestens 3 Minuten köcheln lassen. Dabei immer wieder umrühren.
5. Nach 3 Minuten eine Gelierprobe auf einem Teller machen. Dafür einen Teelöffel der Karottenmarmelade auf einen kleinen Teller geben und abkühlen lassen. Wird sie von der Konsistenz her fest, ist sie gut. Ansonsten noch etwas weiterköcheln lassen.
6. Die Marmelade nun mit einem großen Löffel oder einer Schöpfkelle in die Gläser füllen. Dabei knapp bis unter den Rand füllen und den Deckel sehr gut verschließen.
7. Die Gläser für 5 Minuten auf den Kopf stellen. Danach die gehäkelten Häubchen aufsetzen und schon hat man ein wunderschönes Geschenk aus der Küche oder die leckerste (und hübscheste) Karottenmarmelade für sich selbst.

Material
Größe: ca. 7 cm

- Schachenmayr Catania (LL 125 m/50 g) in
  Natur (Fb 00105)
  Orange (Fb 00281)
  Moos (Fb 00412)
  Apfel (Fb 00205)
- Häkelnadel 3,0 mm und 2,0 mm
- Füllwatte
- Marmeladenglas
  mit Deckeldurchmesser 7 cm
- Wollnadel

MARMELADENGLAS-HÄUBCHEN

Häubchen

1. Rd: In Natur mit der Häkelnadel 3,0 mm 3 Lm (= 1 Stb), 11 Stb in einen Magic Ring häkeln, 1 Km in die 1. M der Rd (= 12 M)
2. Rd: 3 Lm, in dieselbe M 1 Stb, danach in jede M 2 Stb häkeln, 1 Km in die 1. M der Rd (= 24 M)
3. Rd: 3 Lm, 2 Stb in 1 M, danach * 1 Stb, 2 Stb in 1 M, ab * 11-mal wiederholen, 1 Km in die 1. M der Rd (= 36 M)
4. Rd: 3 Lm, 1 Stb, 2 Stb in 1 M, danach * 2 Stb, 2 Stb in 1 M, ab * 11-mal wiederholen, Km in die 1. M der Rd (= 48 M)
5. Rd: 3 Lm, 47 Stb, dabei nur in die hinteren M-Glieder häkeln, 1 Km in die 1. M der Rd (= 48 M)
6. Rd: 4 Lm (= 1 dStb), 47 dStb häkeln, 1 Km in die 1. M der Rd (= 48 M)
7. Rd: * 1 fM, 1 Stb, 4 dStb in 1 M, 1 Stb, 1 fM, 1 Km, ab * 7-mal wiederholen
Garn abschneiden und vernähen.

Karotte

1. Rd: Mit der Häkelnadel 2,0 mm in Orange 6 fM in einen Magic Ring häkeln (= 6 M)
2. Rd: Jede M verdoppeln (= 12 M)
3.–8. Rd: Jeweils 12 fM häkeln (= 12 M)
9. Rd: Jede 3. und 4. M zusammen abmaschen (= 9 M)

10.–14. Rd: Jeweils 9 fM häkeln (= 9 M)
Fortlaufend mit Füllwatte ausstopfen.
15. Rd: Jede 2. und 3. M zusammen abmaschen (= 6 M)
16.–20. Rd: Jeweils 6 fM häkeln (= 6 M)
21. Rd: Immer 2 M zusammen abmaschen (= 3 M)
Garn abschneiden, mit der Wollnadel durch alle 3 vorderen M-Glieder fädeln, zusammenziehen, vernähen und Garn auf ca. 4 cm kürzen.

Karottengrün

Mit der Häkelnadel 2,0 mm in Moos in den Magic Ring der Karotte einstechen, 9 Lm anschlagen, ab der 2. M von der Nadel aus 8 Km häkeln, wieder in den Magic Ring einstechen und auf diese Weise noch zwei weitere Blätter häkeln.
Garn abschneiden und vernähen.

Band

Mit der Häkelnadel 2,0 mm in Apfel 150 Lm anschlagen. Enden verknoten und abschneiden.

Fertigstellung

Die Karotte auf dem Häubchen festnähen. Das Band in die 6. Rd des Häubchens einweben: 1 dStb oben, 2 dStb unten, damit man das Band gut sieht. Das Häubchen über den Deckel ziehen und eine Schleife binden.

SELBST GEMACHTER OSTERLIKÖR MIT GEHÄKELTEN ANHÄNGERN

Er gehört zu Ostern für manche einfach dazu: der Likör. Selbst gemacht mit feiner Vanille schmeckt er noch mal doppelt so lecker, und wir finden ja, man kann ihn auch das ganze Jahr über wunderbar genießen. Für Torten, Kuchen, Getränke, Desserts oder einfach pur – der cremige Likör zergeht auf der Zunge. Man kann den Osterlikör bis zu vier Wochen aufheben, wenn man ihn vorher nicht schon ausgetrunken hat.

Zutaten

ca. 500 ml

» 4 Eigelb
» 180 ml Sahne oder Kondensmilch
» Mark einer ½ Vanilleschote
» 150 ml Rum (54 %)
» 90 g Puderzucker

OSTERLIKÖR

1. Zuerst die Flasche einmal gut auskochen und auf einem sauberen Tuch trocknen lassen.
2. Die Eier trennen, das Eigelb mit der Vanille und dem Puderzucker schaumig aufschlagen. Danach die Sahne oder Kondensmilch und den Rum hineinrühren. Alles zusammen im Wasserbad langsam auf 85 °C erhitzen, bis es dickflüssig wird.

Unser Tipp
Der Likör sollte aber nicht kochen, damit die Eimasse nicht stockt. Dabei ist ein Küchenthermometer hilfreich.

3. Den Osterlikör abkühlen lassen. Danach mit einem Trichter in die Flasche füllen und am Flaschenhals einen Fingerbreit Platz lassen, denn beim Abkühlen dickt der Likör noch etwas nach.

Für mehrere Flaschen kann man die Zutatenmenge einfach verdoppeln oder verdreifachen und beim Verschenken die süßen Osteranhänger über den Flaschenhals hängen.

OSTERANHÄNGER

Material

Größe: ca. 4, 5 und 9 cm

- Schachenmayr Catania (LL 125 m/50 g) in
  Sonne (Fb 00208)
  Mimose (Fb 00100),
  Weiß (Fb 00106)
  Orange (Fb 00281)
  Orchidee (Fb 00222)
  Weinrot (Fb 00192)
  Tiffany (Fb 00432)
  Schwarz (Fb 00110)
  Moos (Fb 00412)
- Häkelnadel 2,0 mm
- Füllwatte
- Dünne rot-weiße Kordel
- Wollnadel

Küken

1. Rd: In Mimose 6 fM in einen Magic Ring häkeln (= 6 M)
2. Rd: Jede M verdoppeln (= 12 M)
3.–5. Rd: Jeweils 12 fM häkeln (= 12 M)
6. Rd: 7 Lm, ab der 2. M von der Nadel aus 6 fM, 12 fM, die Rückseite der Lm-Kette behäkeln: 6 fM (= 24 M)
7.–10. Rd: Jeweils 24 fM häkeln (= 24 M)
11. Rd: Jede 3. und 4. M zusammen abmaschen (= 18 M)
12. Rd: 18 fM häkeln (= 18 M)
Fortlaufend mit Füllwatte ausstopfen.
13. Rd: Jede 2. und 3. M zusammen abmaschen (= 12 M)
14. Rd: Immer 2 M zusammen abmaschen (= 6 M)
15. Rd: (Sonne): Jede M verdoppeln (= 12 M)
16. Rd: 12 fM häkeln (= 12 M)
17. Rd: Immer 2 M zusammen abmaschen, dabei nur in die hinteren M-Glieder häkeln (= 6 M)
1 Km häkeln. Garn abschneiden, mit der Wollnadel durch die 6 vorderen M-Glieder fädeln, zusammenziehen und vernähen.

Flügel (2-mal häkeln)

In Mimose 5 Lm anschlagen. Ab der 2. M von der Nadel aus 1 Km, 1 fM, 1 hStb, 4 hStb in 1 M, die Rückseite der Lm-Kette behäkeln: 1 hStb, 1 fM, 1 Km.
Garn länger abschneiden.

Fertigstellung

Die Flügel leicht schräg am Körper festnähen. In Sonne einen kleinen Schnabel aufsticken. Beidseitig mit einem Stück geteiltem Garn in Schwarz die Augen aufsticken. Das Küken durch den Rücken auf ein Stück rot-weiße Kordel auffädeln, diese auf die gewünschte Länge bringen und verknoten.

Karotte

Wie die Karotte vom Marmeladenglas-Häubchen (Seite 11) häkeln.

Fertigstellung

Die Karotte durch das mittlere Blatt auf ein Stück rot-weiße Kordel auffädeln, diese auf die gewünschte Länge bringen und verknoten.

Geringeltes Osterei

1. Rd: In Orchidee 6 fM in einen Magic Ring häkeln (= 6 M)
2. Rd: Jede M verdoppeln (= 12 M)
3. Rd: (Weinrot): 12 fM häkeln (= 12 M)
4. Rd: Jede 2. M verdoppeln (= 18 M)
5. Rd: (Orchidee): 18 fM häkeln (= 18 M)
6. Rd: 18 fM häkeln (= 18 M)
7. Rd: (Weinrot): Jede 3. M verdoppeln (= 24 M)
8. Rd: 24 fM häkeln (= 24 M)
9. Rd: (Orchidee): 24 fM häkeln (= 24 M)
10. Rd: 24 fM häkeln (= 24 M)
11. Rd: (Weinrot): Jede 3. und 4. M zusammen abmaschen (= 18 M)
12. Rd: 18 fM häkeln (= 18 M)
Fest mit Füllwatte ausstopfen.
13. Rd: (Orchidee): Jede 2. und 3. M zusammen abmaschen (= 12 M)
14. Rd: Immer 2 M zusammen abmaschen (= 6 M)
1 Km häkeln. Garn abschneiden, mit der Wollnadel durch alle 6 vorderen M-Glieder fädeln, zusammenziehen und vernähen.

Fertigstellung

Das Ei auf ein Stück rot-weiße Kordel auffädeln, diese auf die gewünschte Länge bringen und verknoten.

Gepunktetes Osterei

1.–14. Rd in Tiffany wie geringeltes Ei häkeln.
1 Km häkeln. Garn abschneiden, mit der Wollnadel durch alle 6 vorderen M-Glieder fädeln, zusammenziehen und vernähen.

Fertigstellung

Mit Weiß kleine Punkte aufsticken und das Ei auf ein Stück rot-weiße Kordel auffädeln, diese auf die gewünschte Länge bringen und verknoten.

HÜHNEREIERWÄRMER MIT NATÜRLICH GEFÄRBTEN EIERN

Da gackern sie beim morgendlichen Osterfrühstück um die Wette. Der Hahn mit seiner Henne und den süßen Küken. Man weiß gar nicht, wen man aus der Hühnerschar am meisten mag, weil sie so allerliebst aussehen. Auf jeden Fall wärmen sie die Frühstückseier, die wir mit natürlichen Farben gefärbt haben. Ganz einfach mit Spinat, Blaubeeren und Kurkuma. Das macht Spaß und die natürlichen Farben sind viel gesünder für Mensch und Umwelt als die künstlich hergestellten Ostereierfarben.

Zubehör

» Kleiner Topf
» Anzahl der Eier, die gefärbt werden sollen. Es gehen weiße und braune Eier.
» Wasser

Zutaten

» Kurkuma für Gelb (ca. 2 EL auf ½ Liter)
» Spinat oder Petersilie für Grün (ca. 2 Handvoll auf ½ Liter)
» Blaubeeren oder Rotkohl für Blau (ca. 2 Handvoll auf ½ Liter)
» Zwiebelschalen für Braun (ca. 2 Handvoll auf ½ Liter)
» Rote Beete für Rot (ca. 1 Knolle auf ½ Liter)

SO WERDEN DIE EIER GEFÄRBT

1. Die natürlichen Färbestoffe mit ca. ½ Liter Wasser in einen kleinen Topf geben und aufkochen lassen. Die Eier hinzugeben, sie sollten knapp mit dem Wasser bedeckt sein. Danach die Eier in dem Färbesud ungefähr 10 Minuten köcheln lassen.
2. Die Eier mit kaltem Wasser abschrecken und abkühlen lassen. Um sie zum Glänzen zu bringen, kann man sie noch mit einem Tuch mit etwas Öl einreiben.

Vorsicht
Die Farbe kann sich auf den getrockneten Eiern auch wieder etwas lösen.

EIERWÄRMER

Material

Größe: ca. 8 cm und 9 cm

- Schachenmayr Catania (LL 125 m/50 g) in
  Sonne (Fb 00208)
  Orange (Fb 00281)
  Schwarz (Fb 00110)
  Signalrot (Fb 00115)
- Schachenmayr Catania Grande
  (LL 63 m/50 g) in
  Weiß (Fb 03106)
  Sand (Fb 03112)
  Vanille (Fb 03211)
  Taupe (Fb 03254)
  Apfel (Fb 03205)
- Häkelnadel 2,0 mm und 4,0 mm
- Wollnadel

Kopf und Körper

1. Rd: Mit der Häkelnadel 4,0 mm in Sand 6 fM in einen Magic Ring häkeln (= 6 M)
2. Rd: Jede M verdoppeln (= 12 M)
3.–6. Rd: Jeweils 12 fM häkeln (= 12 M)
7. Rd: 9 Lm anschlagen, ab der 2. M von der Nadel aus 8 fM, 12 fM, entlang der Unterseite der Lm-Kette 8 fM häkeln (= 28 M)
8.–12. Rd: Jeweils 28 fM häkeln (= 28 M)
13. Rd: 27 fM, die letzte M der Rd mit der 1. M der nächsten Rd zusammenhäkeln (= 27 M)
14. Rd: 12 fM, 2 M zusammen abmaschen, 12 fM, die letzte M der Rd mit der 1. M der nächsten Rd zusammenhäkeln (= 25 M)
15. Rd: 11 fM, 2 M zusammen abmaschen, 12 fM (= 24 M)
16. Rd: 24 fM häkeln (= 24 M)
1 Km häkeln. Garn abschneiden und vernähen.

Flügel (2-mal häkeln)

Mit der 4,0 mm Häkelnadel in Taupe 6 Lm anschlagen, ab der 2. M von der Nadel aus 1 Km, 1 fM, 1 hStb, 1 Stb, 4 Stb in eine M, die Rückseite der Lm-Kette behäkeln: 1 Stb, 1 hStb, 1 fM, 1 Km. Garn länger abschneiden.

Schnabel

1. Rd: In Sonne mit der Häkelnadel 2,0 mm 4 fM in einen Magic Ring häkeln (= 4 M)
2. Rd: 4 fM häkeln (= 4 M)
3. Rd: Jede 2. M verdoppeln (= 6 M)
Garn länger abschneiden.

Kamm

In Signalrot mit der 2,0 mm Häkelnadel 8 Lm anschlagen, ab der 3. M von der Nadel aus (1 Stb, 2 Lm, 1 Km), 1 Km, (1 fM, 1 Stb, 2 Lm, 1 Km), 1 Km, 1 fM, (1 Stb, 2 Lm, 1 Km).
Garn länger abschneiden.

Kehllappen

In Signalrot mit der Häkelnadel 2,0 mm 5 Lm anschlagen, ab der 3. M von der Nadel aus (1 Stb, 2 Lm, 1 Km), 1 Km, (1 fM, 1 Stb, 2 Lm, 1 Km).
Garn länger abschneiden.

Fertigstellung Hahn

Mit der Häkelnadel 4,0 mm in Apfel aus Hinterteil 7 Lm anschlagen, ab der 2. M von der Nadel aus 6 Km häkeln, wieder ins Hinterteil einstechen, 8 Lm anschlagen, ab der 2. M von der Nadel aus 7 Km häkeln. Wieder ins Hinterteil einstechen, 9 Lm anschlagen, ab der 2. M von der Nadel aus 8 Km häkeln. Wieder ins Hinterteil einstechen, 1 Km, Garn abschneiden und vernähen. Die Flügel leicht schräg am Körper festnähen. Am Kopf erst den Kamm, dann den Schnabel und darunter den in der Mitte gefalteten Kehllappen festnähen.
Mit Schwarz beidseitig Augen aufsticken.

Die Henne und das Küken nach der gleichen Anleitung wie den Hahn häkeln, aber die Farben anpassen. Die Henne wird in Weiß und das Küken in Vanille mit einem Schnabel in Orange, aber ohne Kehllappen, gehäkelt.

Fertigstellung Henne

Die Flügel leicht schräg am Körper festnähen.
Am Kopf erst den Kamm, dann den Schnabel und darunter den in der Mitte gefalteten Kehllappen festnähen. Mit Schwarz beidseitig Augen aufsticken.

Fertigstellung Küken

Die Flügel leicht schräg am Körper festnähen.
Am Kopf erst den Kamm, dann den Schnabel festnähen. Mit Schwarz beidseitig Augen aufsticken.

VEGANE MÖHRENKUCHENMISCHUNG IN DER HASENFLASCHE

Ein Möhrenkuchen, oft auch Rüblitorte genannt, gehört für uns an Ostern einfach dazu! Daher ist diese Möhrenkuchenmischung in der süßen Hasenflasche ein tolles Geschenk aus der Küche, wenn man zu einem Oster- oder Frühlingskaffee bei der Familie oder lieben Freunden eingeladen ist.
Für die Backmischung werden die Zutaten in eine 700-ml-Flasche geschichtet.

Zutaten

für eine Springform von 22 oder 24 cm

- » Erst 200 g Weizen- oder Dinkelmehl mit ½ Päckchen Backpulver vermischt
- » Danach 100 g Zucker mit 1 TL Zimt vermischt
- » Darauf kommen 100 g Schokostreusel, vegan
- » Danach 50 g Mandeln, gehackt
- » Als Abschluss drei kleine Marzipanmöhren

Weitere Zutaten fürs Backen

- » 150 g Möhren
- » 200 ml Kokosmilch
- » 70 ml Rapsöl
- » Puderzucker zum Bestäuben

MÖHRENKUCHEN

1. Die Zutaten alle in eine große Rührschüssel geben und mit 150 g fein geraspelten Möhren, 200 ml Kokosmilch und 70 ml Rapsöl vermischen.
2. Den Teig in eine leicht mit Rapsöl gefettete Spring- oder Kastenform geben und im vorgeheizten Backofen bei 180 °C (Umluft) ca. 35 Minuten backen. Die Stäbchenprobe machen.
3. Nach dem Backen den Kuchen abkühlen lassen, mit Puderzucker bestäuben und einer Marzipanmöhre in der Mitte dekorieren.

Der Kuchen schmeckt besonders lecker am nächsten Tag und kann daher gut vorbereitet werden. Er sollte aber maximal 3 bis 4 Tage später gegessen werden, weil er sonst klebrig wird.

Unser Tipp
Die weiteren Zutaten (Möhren, Kokosmilch, Öl und Puderzucker) und die Zubereitung auf eine kleine Karte schreiben und an die Hasenflasche hängen.

HASENFLASCHEN-COSY

Material

Größe: ca. 10 cm

- Schachenmayr Catania (LL 125 m/50 g) in
  Sun-Kissed (Fb 00437)
  Orange (Fb 00281)
  Apfel (Fb 00205)
  Natur (Fb 00105)
  Weinrot (Fb 00192)
  Pink (Fb 00225)
  Schwarz (Fb 00110)
- Schachenmayr Merino Extrafine (LL 120 m/50 g) in
  Azalee (Fb 00139)
- Häkelnadel 2,0 mm und 3,5 mm
- Glasflasche mit 8 cm Durchmesser Boden (z. B. Tomaten Passata)
- Wollnadel

Cosy

1. Rd: In Azalee mit der Häkelnadel 3,5 mm 6 fM in einen Magic Ring häkeln (= 6 M)
2. Rd: Jede M verdoppeln (= 12 M)
3. Rd: Jede 2. M verdoppeln (= 18 M)
4. Rd: * 1 fM, verdoppeln, 1 fM, ab * 5-mal wiederholen (= 24 M)
5. Rd: Jede 4. M verdoppeln (= 30 M)
6. Rd: * 2 fM, verdoppeln, 2 fM, ab * 5-mal wiederholen (= 36 M)
7. Rd: Jede 6. M verdoppeln (= 42 M)
8. Rd: * 3 fM, verdoppeln, 3 fM, ab * 5-mal wiederholen (= 48 M)
9. Rd: Jede 8. M verdoppeln (= 54 M)
10. Rd: * 4 fM, verdoppeln, 4 fM, ab * 5-mal wiederholen (= 60 M)
11. – 36. Rd: Jeweils 60 fM häkeln (= 60 M)
37. Rd: (Weinrot): Mit der Häkelnadel 2,0 mm 60 fM häkeln (= 60 M)
1 Km häkeln. Garn abschneiden und vernähen.

Osterhase

1. Rd: In Sun-Kissed mit der Häkelnadel 2,0 mm 4 Lm anschlagen, ab der 2. M von der Nadel aus 2 fM, 3 fM in 1 M, die Rückseite der Lm-Kette behäkeln: 2 fM, 3 fM in 1 M (= 10 M)
2. Rd: 2 fM, 3-mal verdoppeln, 2 fM, 3-mal verdoppeln (= 16 M)
3. Rd: 2 fM, 3-mal (1 fM, verdoppeln), 2 fM, 3-mal (1 fM, verdoppeln) (= 22 M)
4. Rd: 2 fM, 3-mal (2 fM, verdoppeln), 2 fM, 3-mal (2 fM, verdoppeln) (= 28 M)
5. Rd: 2 fM, 3-mal (3 fM, verdoppeln), 2 fM, 3-mal (3 fM, verdoppeln) (= 34 M)
6. Rd: 2 fM, 3-mal (4 fM, verdoppeln), 2 fM, 3-mal (4 fM, verdoppeln) (= 40 M)
7. Rd: 2 fM, 3-mal (5 fM, verdoppeln), 2 fM, 3-mal (5 fM, verdoppeln) (= 46 M)
8. Rd: 8 Lm anschlagen, ab der 2. M von der Nadel aus 1 Km, 1 fM, 5 hStb, 1 M überspringen, 4 fM, 8 Lm anschlagen, ab der 2. M von der Nadel aus 1 Km, 1 fM, 5 hStb, 1 M überspringen, 1 fM, 1 Km
Garn länger abschneiden.

Schnauze

In Natur **1.–2. Rd** des Osterhasen häkeln.
1 Km häkeln. Garn länger abschneiden. Mit Pink eine Nase aufsticken.

Karotten (5-mal häkeln)

In Orange mit der Häkelnadel 2,0 mm 10 Lm anschlagen, ab der 2. M von der Nadel aus 2 Km, 3 fM, 3 hStb, 5 hStb in 1 M, die Rückseite der Lm-Kette behäkeln: 3 hStb, 3 fM, 3 Km.
Garn länger abschneiden. In die mittlere der 5 hStb 3 Stücke Garn in Apfel anknüpfen und auf 2 cm kürzen.

Fertigstellung

Die Schnauze im Gesicht des Hasen festnähen. Mit Schwarz 2 Augen aufsticken. Den Osterhasen mittig auf das Cosy festnähen und in gleichmäßigem Abstand die 5 Karotten auf dem Cosy festnähen.

Ostern leben wir immer die ganz große Hasenliebe aus! Daher gehören ein paar hübsche Hasenbrötchen zum Frühstück einfach dazu. Richtig köstlich schmecken diese mit etwas Butter, unseren selbst gefärbten Eiern und obendrauf etwas Kresse. Diese kann man wunderbar ein paar Tage vorher in den kleinen gehäkelten Kressehäschen selbst ziehen. Sie sehen nicht nur allerliebst aus, sondern sorgen auch für staunende Augen bei den Kindern, wenn innerhalb weniger Tage aus einem kleinen Keimling die Kresse wächst.
Die Hasenbrötchen eignen sich sehr gut für ein Osterfrühstück, denn der Teig geht über Nacht im Kühlschrank. Am Morgen werden nur noch die Hasen geformt und gebacken – schon hat man knusprig-luftige Hasenbrötchen für dieses besondere Fest.

Zutaten

6 Hasenbrötchen

» 500 g Weizen- oder Dinkelmehl
» 15 g frische Hefe oder 5 g Trockenhefe
» ½ TL Zucker
» 300 ml Wasser, lauwarm
» 2 TL Salz
» 1 TL Speiseöl oder Butter

HASENBRÖTCHEN MIT GEHÄKELTEN KRESSEHÄSCHEN

HASENBRÖTCHEN ÜBER NACHT

1. Die Hefe mit dem lauwarmen Wasser und dem Zucker vermischen und abgedeckt einen Moment zur Seite stellen, bis sich leichte Blasen bilden. Die restlichen Zutaten zum Teig dazugeben und alles gut miteinander vermischen. Den Teig erst für 10 Minuten abgedeckt in der Küche ruhen, dann abgedeckt über Nacht im Kühlschrank gehen lassen.
2. Am nächsten Morgen den Backofen auf 200 °C (Umluft) vorheizen. Dabei eine leere Auflaufform oder ofenfeste Schüssel unten in den Backofen stellen und mit aufheizen.
3. Den Teig mit ein bisschen Mehl leicht kneten und daraus sechs größere Kugeln (je 70 g), sechs kleinere Kugeln (je 30 g), vier noch kleinere Kugeln (je 10 g) und acht Rollen (für die Ohren) aus je 30 g Teig formen. Die Ohren danach noch einmal durchschneiden, sodass jedes Ohr aus ca. 15 g Teig besteht.
4. Auf einem Backblech mit Backpapier die Hasen aus Körper, Kopf, Schwanz und Ohren zusammensetzen und die Körperteile mit einem Pinsel und etwas Wasser miteinander verbinden.

5. Danach die Hasen leicht bemehlen und mit einem Messer oder Bäckermesser einmal seitlich rundherum alle Teile ca. 1 cm tief einritzen. Dann den Bauch des Hasen senkrecht sechsmal ca. 1 cm tief und die beiden Ohren jeweils einmal einritzen. Dieses *Bread Scoring* sorgt später für die schöne Form der Hasen.
6. In die heiße Form im Backofen zwei Fingerbreit Wasser einfüllen, damit der Wasserdampf nach oben zieht.
7. Die Hasenbrötchen 15 Minuten backen. Nun die Wasserschale entfernen und die Brötchen noch weitere 5 Minuten backen. So werden sie außen schön knusprig und innen locker.
   Die Brötchen etwas auskühlen lassen und zum Frühstück genießen.

KRESSEHÄSCHEN

Material

Größe: ca. 8 cm hoch

- Schachenmayr Merino Extrafine 120 (LL 120 m/50 g) in
  Kamel (Fb 00105)
  Natur (Fb 00102)
- Häkelnadel 3,5 mm
- Großer Joghurtbecher mit einem Bodendurchmesser von 7 cm (auf 4 cm Höhe herunter geschnitten)
- Gabel
- Wollnadel

Körper

1. Rd: In Kamel/Natur 6 fM in einen Magic Ring häkeln (= 6 M)
2. Rd: Jede M verdoppeln (= 12 M)
3. Rd: Jede 2. M verdoppeln (= 18 M)
4. Rd: * 1 fM, verdoppeln, 1 fM, ab * 5-mal wiederholen (= 24 M)
5. Rd: Jede 4. M verdoppeln (= 30 M)
6. Rd: * 2 fM, verdoppeln, 2 fM, ab * 5-mal wiederholen (= 36 M)
7. Rd: Jede 6. M verdoppeln (= 42 M)
8. Rd: * 3 fM, verdoppeln, 3 fM, ab * 5-mal wiederholen (= 48 M)
9. Rd: Jede 8. M verdoppeln (= 54 M)
10.–22. Rd: Jeweils 54 fM häkeln (= 54 M)
1 Km häkeln. Garn abschneiden und vernähen.

Ohren (2-mal häkeln)

1. Rd: In Kamel/Natur 6 fM in einen Magic Ring häkeln (= 6 M)
2. Rd: Jede 2. M verdoppeln (= 9 M)
3.–9. Rd: Jeweils 9 fM häkeln (= 9 M)
Ohr flach zusammendrücken und mit 4 fM zusammenhäkeln. Garn länger abschneiden.

Schwanz

Aus Kamel/Natur mithilfe einer Gabel einen kleinen Pompom machen: Die Mitte der Zinken einige Male mit dem Garn umwickeln (je häufiger, desto kuscheliger wird der Schwanz). Garn länger abschneiden und mittig zwischen den Zinken der

Gabel die Schlaufen umwickeln und festziehen. Mit der Nadel mit ein paar Stichen fixieren. Mit einer Schere die beiden Schlaufen-Enden auseinanderschneiden und den Pompom mit der Schere in Form bringen.

Fertigstellung
Die Ohren mit ca. 1 cm Abstand am Körper festnähen. Gegenüberliegend den Schwanz in der anderen Farbe festnähen. Den Joghurtbecher in das Häschen stecken.

KRESSE ZIEHEN

In den gehäkelten Kresse-Häschen sind abgeschnittene Joghurtbecher, in denen man ganz einfach die Kresse selbst ziehen kann.

1. Hierfür den Becherboden mit Küchenpapier oder Watte auslegen und einmal gut durchnässen. Nun die Kressesamen gleichmäßig darauf verteilen.
2. Die Samenkörner sollten dabei nicht aufeinander, sondern nebeneinander liegen. Die Watte danach täglich wieder feucht halten, jedoch nicht zu nass, damit die Kresse nicht schimmelt oder auf der Watte wegschwimmt. Dafür eignet sich eine Sprühflasche.
3. Bereits nach sieben Tagen ist die Kresse so hoch gewachsen, dass man sie für ein Frühstück ernten kann. Hierfür die Kresse mit einer sauberen Küchenschere einfach abschneiden.

Für die Kleinen

WALDTIER-CAKETOPPER MIT KLEINEN GUGELHUPFEN

Ob auf einem schönen Fest oder einfach als Sonntagssüß – kleine Finger lieben kleine Kuchen. Mit ein, zwei Happen sind sie im Mund und schmecken köstlich nach Vanille und Schokolade. Zusammen mit den gehäkelten Waldtier-Caketoppern eignen sie sich auch wunderbar für einen Waldgeburtstag.
Man kann die Caketopper natürlich auch sehr gut für Muffins und jeden anderen Geburtstagskuchen verwenden. Und wenn die Kinder sie wieder hergeben sollten, kann man sie sogar erneut verwenden.

Zutaten

ca. 30 bis 40 Stück

- 200 g Mehl
- 120 g Zucker
- 70 g Margarine oder Butter
- 2 Eier (Größe M)
- 80 ml Milch
- 2 TL Backpulver
- 2 TL Vanillezucker
- Zusätzlich 1 TL Backkakao für den dunklen Teig, wenn es Marmor-Gugelhupfe werden sollen
- Etwas Puderzucker zum Bestreuen

KLEINE GUGELHUPFE

1. Sie brauchen eine Form für Mini-Gugelhupfe (12er oder 24).
2. Den Backofen auf 180 °C (Umluft) vorheizen und die Backform mit etwas flüssiger Butter oder Margarine einpinseln.
3. Alle Zutaten, bis auf den Backkakao, gut miteinander vermischen. Möchte man kleine Marmor-Gugelhupfe machen, den Teig danach halbieren und unter die eine Hälfte den Backkakao rühren. Ansonsten kann man auch reine Vanille- oder Schokoladen-Gugelhupfe machen.
4. Den Teig mit zwei Teelöffeln in die Form geben. Zuerst den hellen, danach den dunklen Teig. Dabei die Förmchen nur halb befüllen, denn der Teig geht beim Backen noch auf. Danach beide Teige mit einem Holzstäbchen miteinander vermischen. Möchte man nur Vanille- oder Schokoladen-Gugelhupfe backen, den Teig nicht miteinander vermischen.
5. Die Form auf ein Backblech stellen und auf der mittleren Schiene 15 bis maximal 20 Minuten backen. Gut abkühlen lassen und aus der Form lösen. Mit etwas Puderzucker bestreuen und mit den gehäkelten Caketoppern dekorieren.

Unser Tipp

Verdreifachen Sie die Zutatenmenge, dann können Sie gleich ein ganzes Blech Marmorkuchen backen und dieses mit den Caketoppern dekorieren. Die Backzeit beträgt hierbei 25 Minuten bei 180 °C (Umluft).

WALDTIER-CAKETOPPER

Material:

Größe: ca. 13 cm

- Schachenmayr Catania (LL 125 m/50 g) in
  Natur (Fb 00105)
  Marone (Fb 00157)
  Sun-Kissed (Fb 00437)
  Fuchs (Fb 00426)
  Gold (Fb 00249)
  Rauchgrau (Fb 00435)
  Weinrot (Fb 00192)
  Schwarz (Fb 00110)
- Häkelnadel 2,0 mm
- Füllwatte
- Schaschlikspieße (auf 12 cm gekürzt)
- Wollnadel

Fuchs

1. Rd: In Fuchs 6 fM in einen Magic Ring häkeln (= 6 M)
2. Rd: Jede M verdoppeln (= 12 M)
3. Rd: Jede 2. M verdoppeln (= 18 M)
4. Rd: 18 fM häkeln (= 18 M)
5. Rd: Jede 3. M verdoppeln (= 24 M)
6.–8. Rd: Jeweils 24 fM häkeln (= 24 M)
9. Rd: (Natur): 24 fM häkeln (= 24 M)
10.–11. Rd: Jeweils 24 fM häkeln (= 24 M)
12. Rd: Jede 3. und 4. M zusammen abmaschen (= 18 M)
13. Rd: 18 fM häkeln (= 18 M)
Mit Füllwatte ausstopfen.
14. Rd: Jede 2. und 3. M zusammen abmaschen (= 12 M)
15. Rd: Immer 2 M zusammen abmaschen (= 6 M)
1 Km häkeln. Garn abschneiden. Mit der Wollnadel durch alle 6 vorderen M-Glieder fädeln, den Schaschlikspieß in die Öffnung stecken (eventuell mit ein wenig Klebstoff befestigen), zusammenziehen und vernähen.

Ohren (2-mal häkeln)

In Fuchs 4 Lm anschlagen. Ab der 2. M von der Nadel aus 1 Km, 1 fM, 1 hStb. Garn länger abschneiden.

Schnauze

1. Rd: In Fuchs 4 fM in einen Magic Ring häkeln (= 4 M)

2. Rd: Jede 2. M verdoppeln (= 6 M)

3. Rd: 6 fM häkeln (= 6 M)

1 Km häkeln. Garn länger abschneiden und Schnauze mit etwas Füllwatte ausstopfen.

Fertigstellung

Beide Ohren am Kopf festnähen. Schnauze auf dem Farbübergang im Gesicht festnähen. Mit einem geteilten Stück Garn in Schwarz Augen und Nase aufsticken.

Reh

1.–15. Rd in Sun-Kissed wie den Fuchs häkeln. 1 Km häkeln. Garn abschneiden. Mit der Wollnadel durch alle 6 vorderen M-Glieder fädeln, den Schaschlikspieß in die Öffnung stecken (eventuell mit ein wenig Klebstoff befestigen), zusammenziehen und vernähen.

Ohren (2-mal häkeln)

In Sun-Kissed 5 Lm anschlagen, ab der 2. M von der Nadel aus 1 Km, 1 fM, 2 hStb.
Garn länger abschneiden.

Schnauze

1. Rd: In Schwarz 4 fM in einen Magic Ring häkeln (= 4 M)

2. Rd: (Sun-Kissed): Jede 2. M verdoppeln (= 6 M)

3. Rd: 6 fM häkeln (= 6 M)

1 Km häkeln. Garn länger abschneiden und die Schnauze mit etwas Füllwatte ausstopfen.

Geweih (2-mal häkeln)

In Rauchgrau 7 Lm anschlagen, ab der 2. M von der Nadel aus 3 Km, 4 Lm anschlagen, ab der 2. M von der Nadel aus 6 Km. Garn länger abschneiden.

Fertigstellung

Geweih und Ohren am Kopf festnähen. Die Schnauze festnähen und mit einem Stück geteilten Garn in Schwarz die Augen aufsticken. Mit Natur unter dem Geweih 5 Punkte aufsticken.

Eule

1. Rd: In Marone 13 Lm anschlagen, ab der 2. M von der Nadel aus beide Seiten der Lm-Kette behäkeln (= 24 M)

2.–12. Rd: Jeweils 24 fM häkeln (= 24 M)

13. Rd: Jede 3. und 4. M zusammen abmaschen (= 18 M)

14. Rd: 18 fM häkeln (= 18 M)

Mit Füllwatte ausstopfen.

15. Rd: Jede 2. und 3. M zusammen abmaschen (= 12 M)

16. Rd: Immer 2 M zusammen abmaschen (= 6 M)

1 Km häkeln. Garn abschneiden. Mit der Wollnadel durch alle 6 vorderen M-Glieder fädeln, den Schaschlikspieß in die Öffnung stecken (evtl. mit Klebstoff befestigen), zusammenziehen und vernähen.

Augen (2-mal häkeln)
In Gold 8 fM in einen Magic Ring häkeln, mit 1 Km in die 1. M der Rd zu einem Kreis schließen. Garn länger abschneiden. Mit Schwarz eine Pupille aufsticken.

Fertigstellung
Die Augen am Körper festnähen. Mit Fuchs einen Schnabel aufsticken. Mit Sun-Kissed 6 Haken auf dem Bauch aufsticken.

Fliegenpilz
1. Rd: In Weinrot 6 fM in einen Magic Ring häkeln (= 6 M)
2. Rd: Jede M verdoppeln (= 12 M)
3. Rd: Jede 2. M verdoppeln (= 18 M)
4. Rd: 18 fM häkeln (= 18 M)
5. Rd: Jede 3. M verdoppeln (= 24 M)
6.–9. Rd: Jeweils 24 fM häkeln (= 24 M)
10. Rd: (Rauchgrau): Jede 3. und 4. M zusammen abmaschen, dabei nur die hinteren M-Glieder häkeln (= 18 M)
11. Rd: Jede 2. und 3. M zusammen abmaschen (= 12 M)
Fortlaufend mit Füllwatte ausstopfen.
12. Rd: (Natur): 12 fM häkeln (= 12 M)
13.–14. Rd: Jeweils 12 fM häkeln (= 12 M)
15. Rd: Jede 2. M verdoppeln (= 18 M)
16. Rd: 18 fM häkeln (= 18 M)
17. Rd: Jede 2. und 3. M zusammen abmaschen (= 12 M)
18. Rd: Immer 2 M zusammen abmaschen (= 6 M)
1 Km häkeln. Garn abschneiden. Mit der Wollnadel durch alle 6 vorderen M-Glieder fädeln, den Schaschlikspieß in die Öffnung stecken (eventuell mit ein wenig Klebstoff befestigen), zusammenziehen und vernähen.

Fertigstellung
Mit Natur auf den Fliegenpilzhut kleine weiße Punkte aufsticken.

SKANDINAVISCHE KÜCHLEIN AUF EINER SELBST GEMACHTEN ETAGERE

Von diesen drei Kuchen haben kleine und große Skandinavienfans geträumt! Denn nun können sie sie nicht nur mit ihren Lieben zusammen genießen, sondern auch für die Spielküche oder als Dekoration für die Kaffeetafel nachhäkeln.
Wir haben unsere drei liebsten dänischen Leckereien selbst gemacht. Die Rumkugler (Rumkugeln), strahlend grüne Træstammer (Baumstämme) und natürlich darf auch die bekannte Kanelsnegle (Zimtschnecke) nicht fehlen.

Zutaten

8 Stück

- 250 g Kuchenreste (Marmorkuchen, Rührkuchen, Brownies oder Sandkuchen)
- 1 TL Backkakao
- 50 g Himbeermarmelade
- ½ Fläschchen Rumaroma (für Kinder) oder 1 bis 2 TL Rum (für Erwachsene)
- Bunte Streusel zum Verzieren

RUMKUGLER

Die Kuchenreste in einer Schüssel zerbröseln und zusammen mit dem Backkakao, dem Rum oder Rumaroma und der Himbeermarmelade gut vermischen.
Aus dem Teig mit den Händen acht Kugeln formen und diese in bunten Streuseln wälzen.
Die Rumkugler etwas kalt stellen, damit sie fester werden.

DIY-Idee
Für die Etagere können Sie einfach drei verschiedene Teller nehmen und je nach Größe zwei Eierbecher oder zwei Tassen dazwischenstellen. Schon haben Sie eine wunderschöne selbst gebaute Etagere für Ihre nächste Kaffeetafel oder ein kleines feines Puppencafé. Wer sie dauerhaft nutzen möchte, kann die Einzelteile mit Keramikkleber aneinander befestigen.

RUMKUGEL

Material

Größe: ca. 4 cm

- Schachenmayr Catania (LL 125 m/50 g) in
  Kaffee (Fb 00162)
  Mimose (Fb 00100)
  Lavendel (Fb 00422)
  Jade (Fb 00253)
  Pink (Fb 00225)
  Weiß (Fb 00106)
  Orchidee (Fb 00222)
  Hellblau (Fb 00173)
- Häkelnadel 2,0 mm
- Füllwatte
- Wollnadel

Rumkugel

1. Rd: In Kaffee 6 fM in einen Magic Ring häkeln (= 6 M)
2. Rd: Jede M verdoppeln (= 12 M)
3. Rd: Jede 2. M verdoppeln (= 18 M)
4. Rd: * 1 fM, verdoppeln, 1 fM, ab * 5-mal wiederholen (= 24 M)
5. Rd: 24 fM häkeln (= 24 M)
6. Rd: Jede 4. M verdoppeln (= 30 M)
7.–12. Rd: Jeweils 30 fM häkeln (= 30 M)
13. Rd: Jede 4. und 5. M zusammen abmaschen (= 24 M)
14. Rd: 24 fM häkeln (= 24 M)
15. Rd: Jede 3. und 4. M zusammen abmaschen (= 18 M)
Mit Füllwatte ausstopfen.
16. Rd: Jede 2. und 3. M zusammen abmaschen (= 12 M)
17. Rd: Immer 2 M zusammen abmaschen (= 6 M)
1 Km häkeln. Garn abschneiden, mit der Wollnadel durch alle 6 vorderen M-Glieder fädeln, zusammenziehen und vernähen.

Fertigstellung

Mit Mimose, Weiß, Lavendel, Jade, Orchidee, Pink und Hellblau Streusel aufsticken.

DÄNISCHE TRÆSTAMMER

Zutaten

10 Stück

- 350 g Kuchenreste (Marmorkuchen, Rührkuchen, Brownies oder Sandkuchen)
- 50 g Marzipan, klein geschnitten
- 1 TL Himbeermarmelade
- 1 TL Backkakao
- ½ Fläschchen Rumaroma (für Kinder) oder 1 bis 2 TL Rum (für Erwachsene)
- Grüne Lebensmittelfarbe, flüssig oder als Pulver
- 200 g weiches Marzipan
- 150 g dunkle Kuvertüre

1. Die Kuchenreste in einer Schüssel zusammen mit dem Marzipan, der Marmelade, dem Backkakao und dem Rum oder Rumaroma gut vermischen, sodass ein gleichmäßiger Teig entsteht. Aus diesem ca. 7 cm lange und 3 cm breite Röllchen formen.
2. Die grüne flüssige Lebensmittelfarbe mit dem weichen Marzipan gut verkneten, bis es ganz grün gefärbt ist. Verwenden Sie Lebensmittelfarbe in Pulverform, diese mit etwas Puderzucker vermischen und unter das Marzipan kneten. Manchmal steht auch direkt auf der jeweiligen Verpackung der Lebensmittelfarbe, wie Marzipan damit eingefärbt werden kann. Das Marzipan mit einem Nudelholz 7 cm breit ausrollen. Die Teigröllchen darauflegen, umrollen und mit einem Messer abschneiden. Die längliche Schnittkante etwas zudrücken. Alle Röllchen so mit Marzipan überziehen.
3. Nun die dunkle Kuvertüre im Wasserbad schmelzen und die Træstammer entweder jeweils seitlich in die Schokolade eintauchen und auf einem Backpapier gut trocknen lassen. Oder die Træstammer auf ein Backpapier legen und mit einem Teelöffel jeweils am Ende mit etwas Schokolade übergießen. Gut trocknen lassen und die skandinavischen Leckereien bei einer kleinen Kaffeepause genießen.

Material

Größe: ca. 7 cm

- Schachenmayr Catania (LL 125 m/50 g) in
  Greenery (Fb 00418)
  Marone (Fb 00157)
- Häkelnadel 2,0 mm
- Füllwatte
- Wollnadel

TRÆSTAMMER

1. Rd: In Marone 6 fM in einen Magic Ring häkeln (= 6 M)
2. Rd: Jede M verdoppeln (= 12 M)
3. Rd: Jede 2. M verdoppeln (= 18 M)
4. Rd: * 1 fM, verdoppeln, 1 fM, ab * 5-mal wiederholen (= 24 M)
5. Rd: Jede 4. M verdoppeln (= 30 M)
6. Rd: 30 fM, dabei nur die hinteren M-Glieder häkeln (= 30 M)
7.–9. Rd: Jeweils 30 fM häkeln (= 30 M)
10. Rd: (Greenery): 30 fM, dabei nur die hinteren M-Glieder häkeln (= 30 M)
11.–20. Rd: Jeweils 30 fM häkeln (= 30 M)
21. Rd: (Marone): 30 fM, dabei nur die hinteren M-Glieder häkeln (= 30 M)
22.–24. Rd: Jeweils 30 fM häkeln (= 30 fM)
1 Km häkeln. Garn abschneiden und vernähen.

Endstück

In Marone **1.–5. Rd** noch mal häkeln. Garn länger abschneiden.

Fertigstellung

Træstammer mit Füllwatte ausstopfen. Endstück darauflegen und zusammennähen.

DÄNISCHE KANELSNEGLE

Zutaten

15 Stück

Für den Teig

» 150 ml Milch, lauwarm
» 20 g frische Hefe
» 50 g Zucker
» 450 g Weizenmehl (wenn der Teig klebt, noch etwas mehr Mehl hinzugeben)
» 2 Eier
» 100 g Butter
» 1 TL Kardamom, gemahlen
» 1 TL Zimt

Für die Füllung

» 50 g Butter, weich
» 100 g Zucker
» 2 TL Zimt

Zum Bestreuen

» 1 Eiweiß
» Hagelzucker

Die lauwarme Milch mit der Hefe und einem TL Zucker (von den 50 g) vermischen und kurz abgedeckt stehen lassen, bis sich leichte Blasen bilden. Die restlichen Zutaten für den Teig in eine große Schüssel geben. Die Hefe-Mischung hinzugeben und alles gut miteinander verrühren. Den Teig 1 Stunde abgedeckt gehen lassen.

1. Den Hefeteig ohne extra Mehl ausrollen, sodass er ca. 35 cm lang, ca. 15 cm breit und ca. 2 bis 3 cm hoch ist. Den ganzen Teig mit der weichen Butter für die Füllung bestreichen. Zimt und Zucker miteinander vermischen und großzügig auf dem Teig verteilen.
2. Den Teig eng längs aufrollen und auf eine Unterlage (Holzbrett o. Ä.) legen. Dort in ca. 15 Stücke schneiden oder mit einem Küchengarn von unten nach oben schneiden.
   Die Zimtschnecken auf ein Backblech mit Backpapier legen und die Enden der Zimtschnecken unter den Teig stecken, damit sie beim Backen nicht aufgehen.
3. Die Zimtschnecken leicht mit der flachen Hand andrücken. Ein Eiweiß verquirlen und damit jede Zimtschnecke etwas einpinseln und mit Hagelzucker bestreuen.
4. Im vorgeheizten Backofen bei 180 °C (Umluft) ca. 15 Minuten backen.

ZIMTSCHNECKE

Material

Größe: ca. 3,5 cm

» Schachenmayr Catania (LL 125 m/50 g) in
Camel (Fb 00179)
Marone (Fb 00157)
Weiß (Fb 00106)
» Häkelnadel 2,0 mm
» Füllwatte
» Wollnadel
» Papier-Muffinförmchen

1. Rd: In Camel 6 fM in einen Magic Ring häkeln (= 6 M)
2. Rd: Jede M verdoppeln (= 12 M)
3. Rd: Jede 2. M verdoppeln (= 18 M)
4. Rd: * 1 fM, verdoppeln, 1 fM, ab * 5-mal wiederholen (= 24 M)
5. Rd: Jede 4. M verdoppeln (= 30 M)
6. Rd: * 2 fM, verdoppeln, 2 fM, ab * 5-mal wiederholen (= 36 M)
7. Rd: 36 fM häkeln (= 36 M)
8. Rd: Jede 6. M verdoppeln (= 42 M)
9. Rd: 42 fM häkeln (= 42 M)
10. Rd: 42 fM, dabei nur die hinteren M-Glieder häkeln (= 42 M)
11.–12. Rd: Jeweils 42 fM häkeln (= 42 M)
13. Rd: Jede 6. und 7. M zusammen abmaschen (= 36 M)
14.–15. Rd: Jeweils 36 fM häkeln (= 36 M)
16. Rd: Jede 5. und 6. M zusammen abmaschen, dabei nur die hinteren M-Glieder häkeln (= 30 M)
17. Rd: Jede 4. und 5. M zusammen abmaschen (= 24 M)
Mit Füllwatte ausstopfen.
18. Rd: Jede 3. und 4. M zusammen abmaschen (= 18 M)
19. Rd: Jede 2. und 3. M zusammen abmaschen (= 12 M)
20. Rd: Immer 2 M zusammen abmaschen (= 6 M)
Garn abschneiden, mit der Wollnadel durch alle 6 vorderen M-Glieder fädeln, zusammenziehen und vernähen.

Fertigstellung

In Marone ausgehend von der Mitte bis zur 9. Rd in Kettenstich eine Spirale aufsticken. Mit Weiß ein bisschen Zucker aufsticken. Die Zimtschnecke in die Muffinform legen.

HONIG-ZIMT-BUTTER MIT BIENCHEN-ANHÄNGERN

Honig-Zimt-Butter haben wir das erste Mal während einer Reise in den USA kennen und lieben gelernt und seitdem gehört sie zu unseren morgendlichen Brotaufstrichen. Sie eignet sich wunderbar für alle Brote, Croissants, Bagels, Waffeln oder als Belag für Pfannkuchen. Bei den Zutaten kann man sich vorstellen, wie süß und köstlich die Honig-Zimt-Butter ist. Ein Highlight auf jeder Frühstückstafel.
Bei der Zubereitung nimmt man einfach die gleiche Tasse, so hat man von allem die richtige Menge. Und auch kleine Kinder können dabei wunderbar mithelfen. Dazu ein Strauch mit den kleinen gehäkelten Honigbienen auf dem Tisch – wer kann da schon widerstehen?

Zutaten

» 1 kleine Tasse Honig, flüssig
» 1 kleine Tasse Butter, weich
» 1 TL Zimt, gemahlen
» ½ kleine Tasse Puderzucker

HONIG-ZIMT-BUTTER

Alle Zutaten werden entweder im Mixer oder per Hand miteinander verrührt und in ein verschließbares Glas gefüllt. So schnell ist die Honig-Zimt-Butter fertig. Sie hält sich im Kühlschrank einen Monat lang und sollte immer bei Zimmertemperatur gegessen werden, damit sie sich gut verstreichen lässt. Daher die Honig-Zimt-Butter vor dem Essen eine Weile aus dem Kühlschrank nehmen.

Unser Tipp
Wem die Butter so zu süß ist, kann statt der normalen auch gesalzene Butter verwenden und weniger Puderzucker nehmen. Die Mischung aus süß, salzig und dem Zimt schmeckt einfach köstlich. Oder man kann in das Rezept auch noch etwas Vanille mit hineingeben.
Besonders hübsch sieht es aus, wenn man die weiche Butter durch einen Spritzaufsatz in Portionsgläschen füllt, diese kühl stellt und dann serviert!

KLEINE HONIGBIENEN-ANHÄNGER

Material

Größe: ca. 4,5 cm

- Schachenmayr Catania (LL 125 m/50 g) in
  Kaffee (Fb 00162)
  Sonne (Fb 00208)
  Natur (Fb 00105)
- Häkelnadel 2,0 mm
- Füllwatte
- Weißes Nähgarn
- Wollnadel

Kopf und Körper

1. Rd: In Kaffee 6 fM in einen Magic Ring anschlagen (= 6 M)
2. Rd: Jede 3. M verdoppeln (= 8 M)
3. Rd: 8 fM häkeln (= 8 M)
4. Rd: (Sonne): 8 fM häkeln (= 8 M)
5. Rd: (Kaffee): 8 fM häkeln (= 8 M)
6. Rd: (Sonne): 8 fM häkeln (= 8 M)
7. Rd: (Kaffee): 8 fM häkeln (= 8 M)
Fortlaufend mit Füllwatte ausstopfen.
8. Rd: Jede 3. und 4. M zusammen abmaschen (= 6 M)
9. Rd: Immer 2 M zusammen abmaschen (= 3 M)
Garn abschneiden. Mit der Wollnadel durch alle 3 vorderen M-Glieder fädeln, zusammenziehen, vernähen und Garn am Hinterteil als Stachel auf 1 cm kürzen.

Flügel (2-mal häkeln)

In Natur 5 Lm anschlagen, ab der 2. M von der Nadel aus 1 Km, 1 fM, 1 hStb, 1 Stb, 2 Lm, 1 Km in dieselbe Masche. Garn länger abschneiden.

Fertigstellung

Die Flügel leicht schräg am Körper (auf Höhe des 1. gelben Ringels) festnähen. Für die Fühler durch den Kopf ein Stück Garn in Kaffee ziehen und beidseitig auf 1 cm kürzen.
Mit dem Nähgarn oben mittig die Biene auffädeln, Garn gewünscht lang abschneiden und oben verknoten.

BLAUBEERMARMELADE MIT BLAUBEERZWERG

Was wäre ein Sommer nur ohne Blaubeeren? Ob in Schweden, im eigenen Garten oder vom Feld um die Ecke. Direkt vom Strauch in den Mund schmecken die kleinen Beeren unvergleichlich gut. Hat man gleich ein paar Körbe voll gesammelt, kann man daraus eine feine Blaubeermarmelade machen. In kleinen Gläsern, zusammen mit dem süßen Blaubeerzwerg, eignen sie sich auch wunderbar als kleines Mitgebsel oder als Geschenk zum Kindergeburtstag. Und garantiert möchte der kleine Zwerg beim nächsten Frühstück auch ein Eckchen vom Brot mit Blaubeermarmelade bekommen.

Zutaten

ca. 4 bis 5 große Gläser und
10 bis 15 kleine Gläser

» 1 kg Blaubeeren
» 500 g Gelierzucker 2:1
» Mark einer ½ Vanillestange oder 1 Päckchen Vanillezucker
» Saft einer Zitrone

BLAUBEERMARMELADE

1. Die Gläser einmal auskochen und gut trocknen lassen.
2. Die Blaubeeren waschen und die restlichen Stiele entfernen. Zusammen mit dem Gelierzucker, dem Vanillemark oder Vanillezucker und dem Zitronensaft in einen Topf geben und einmal aufkochen.
3. Nach Packungsanweisung auf dem Gelierzucker köcheln lassen und auf einem kleinen Teller eine Gelierprobe machen. Auf Wunsch die Blaubeeren pürieren.
4. Die Marmelade in die Gläser umfüllen, die Deckel gut verschließen und für ca. 5 Minuten auf den Kopf stellen. Fertig ist die leckere Blaubeermarmelade.

BLAUBEERZWERG

Material

Größe: ca. 11 cm

- Schachenmayr Catania (LL 125 m / 50 g) in
  Rosé Gold (Fb 00433)
  Jeans (Fb 00164)
  Moos (Fb 00421)
- Häkelnadel 2,0 mm
- Füllwatte
- Wollnadel

Kopf und Körper

1. Rd: In Rosé Gold 6 fM in einen Magic Ring häkeln (= 6 M)
2. Rd: Jede M verdoppeln (= 12 M)
3. Rd: 12 fM häkeln (= 12 M)
4. Rd: Jede 2. M verdoppeln (= 18 M)
5.–8. Rd: Jeweils 18 fM häkeln (= 18 M)
9. Rd: Jede 2. und 3. M zusammen abmaschen (= 12 M)
Fortlaufend mit Füllwatte ausstopfen.
10. Rd: Immer 2 M zusammen abmaschen (= 6 M)
11. Rd: (Jeans): Jede M verdoppeln (= 12 M)
12. Rd: Jede 2. M verdoppeln (= 18 M)
13.–17. Rd: Jeweils 18 fM häkeln (= 18 M)
18. Rd: (Moos): 18 fM, dabei nur die hinteren M-Glieder häkeln (= 18 M)
19.–20. Rd: Jeweils 18 fM häkeln (= 18 M)
21. Rd: Jede 2. und 3. M zusammen abmaschen (= 12 M)
22. Rd: Immer 2 M zusammen abmaschen (= 6 M)
Garn abschneiden, mit einer Wollnadel durch alle 6 vorderen M-Glieder fädeln, zusammenziehen und vernähen.

Beine (2-mal häkeln)

1. Rd: In Moos 6 fM in einen Magic Ring häkeln (= 6 M)
2.–7. Rd: Jeweils 6 fM häkeln (= 6 M)
Mit 1 Km abschließen, Garn länger abschneiden und mit Füllwatte ausstopfen.

Arme (2-mal häkeln)
1. Rd: In Rosé Gold 5 fM in einen Magic Ring häkeln (= 5 M)
2. Rd: Jeweils 5 fM häkeln (= 5 M)
3. Rd: (Jeans): 5 fM häkeln (= 5 M)
4.–8. Rd: Jeweils 5 fM häkeln (= 5 M)
Mit 1 Km abschließen, Garn länger abschneiden.

Mütze
1. Rd: In Jeans 6 fM in einen Magic Ring häkeln (= 6 M)
2. Rd: Jede M verdoppeln (= 12 M)
3. Rd: 12 fM häkeln (= 12 M)
4. Rd: Jede 2. M verdoppeln (= 18 M)
5. Rd: Jede 9. M verdoppeln (= 20 M)
6.–8. Rd: Jeweils 20 fM häkeln (= 20 M)
1 Km häkeln. Garn länger abschneiden.

Zipfel
In Moos 6 fM in einen Magic Ring häkeln, mit 1 Km in die 1. M der Rd zu einem Kreis schließen. 1 Km häkeln, Garn länger abschneiden. Aus dem Magic Ring 3 Lm häkeln, am Ende einen Knoten machen und abschneiden. Zipfel mittig auf der Mütze festnähen.

Kragen
In Moos 14 Lm anschlagen, ab der 2. M von der Nadel aus 1 Km, 4 Lm, ab der 2. M von der Nadel aus 1 Km, 2 fM, 1 M überspringen, noch 5-mal wiederholen. Garn länger abschneiden.

Fertigstellung
Die Mütze leicht schräg am Kopf festnähen. Arme und Beine beidseitig am Körper festnähen. Den Kragen um den Hals legen und mit ein paar Stichen am Körper festnähen.

KINDERPUNSCHGEWÜRZ IM WICHTELVERSTECK

Ein Punsch gehört für uns zur Winter-Weihnachtszeit einfach dazu. Er duftet herrlich nach Zimt, Sternanis, Nelken, Vanille und Früchten und wärmt so richtig von innen. Ob drinnen zu einer schönen Geschichte und mit etwas Leckerem am Nachmittag oder draußen am Lagerfeuer, gerne auch mit unseren kleinen und großen Freunden zusammen. Für unseren Kinderpunsch braucht man verschiedene Gewürze und Säfte. Damit man die Gewürze auch gut wieder aus dem Topf herausnehmen kann, haben wir sie in ein kleines Gewürzherz genäht. Das sieht nicht nur hübsch aus, sondern ist auch noch praktisch.
Das Gewürzherz kann sich ganz heimlich in dem gehäkelten Wichtel verstecken und ist ein schönes Geschenk für kleine und große Punschfans.

Material

- Teefilter
- Kleiner Trichter oder Teelöffel
- Schere
- Evtl. Band
- Nähnadel und Garn oder Nähmaschine
- Vorlage für das Herz (siehe Seite 63)

GEWÜRZHERZ

1. Die Zutaten vom Kinderpunsch auf Seite 61 alle in einer Schale vermischen.
   Mit einer Portion Kinderpunschgewürz können sechs Herzen gefüllt werden.
2. Die Herzvorlage von Seite 63 schräg auf einen Teefilter legen, aufmalen und 2-mal pro Herz ausschneiden. Ein Band abschneiden und mittig auf eines der Herzen legen. Das zweite Herz darauflegen und mit der Hand oder Maschine zusammennähen.
   Man kann das Herz auch ohne Band zunähen. Dann nimmt man es später mit einem Löffel aus dem fertigen Punsch heraus.
3. Beim Nähen eine Öffnung lassen, in die man das Gewürz einfüllen kann. Danach das Herz vollständig zunähen. Verwendet man die Nähmaschine, das Punschgewürz so verteilen, dass das Füßchen beim Zunähen gut entlangfahren kann. Sonst reißt das Teeherz ein.
4. Nun zwei Punschherzen in dem gehäkelten Wichtel verstecken und schon hat man ein hübsches Geschenk.

KINDERPUNSCH

Zutaten

- » 1/3 TL Sternanis
- » 1/3 TL Nelken, gemahlen
- » 1/2 TL Zimt
- » 2 TL Früchtetee
- » 1 Päckchen Vanillezucker

- » 500 ml Kirschsaft
- » 500 ml Apfelsaft
- » Evtl. Honig oder Zucker

In einen Topf 500 ml Kirschsaft und 500 ml Apfelsaft geben. Zwei Gewürzherzen hineingeben, alles zusammen leicht erhitzen und 10 bis 15 Minuten ziehen lassen. Ist der Kinderpunsch nicht süß genug, kann man auch noch etwas Honig oder 50 g Zucker hinzugeben. Danach den Kinderpunsch mit einer Schöpfkelle in Tassen umfüllen und miteinander genießen.

Unser Tipp
Man kann auch nur die Hälfte der Menge (250 ml Kirschsaft und 250 ml Apfelsaft) zubereiten und nimmt dafür dann ein Gewürzherz.

WICHTELTASCHE

Material

Größe: ca. 14 cm

- » Schachenmayr Merino Extrafine 120 (LL 120 m/50 g) in Kirsche (Fb 00131), Jeans (Fb 00154) und Natur (Fb 00102)
- » Schachenmayr Catania (LL 125 m/50 g) in Rosé Gold (Fb 00433), Altrosa (Fb 00408), Pink (Fb 00225) und Schwarz (Fb 00110)
- » Häkelnadel 2,0 mm und 3,0 mm
- » Knopf ca. 1 cm Durchmesser
- » Wollnadel

Wichtelvorderseite
1. R: In Jeans mit der Häkelnadel 3,0 mm 26 fM anschlagen, ab der 2. M von der Nadel aus 25 fM, 1 Wl (= 25 M)
2.–3. R: Jeweils 25 fM häkeln, 1 Wl (= 25 M)
4. R: 2 M zusammen abmaschen, 21 fM, 2 M zusammen abmaschen, 1 Wl (= 23 M)
5.–6. R: Jeweils 23 fM häkeln, 1 Wl (= 23 M)
7. R: 2 M zusammen abmaschen, 19 fM, 2 M zusammen abmaschen, 1 Wl (= 21 M)
8.–9. R: Jeweils 21 fM häkeln, 1 Wl (= 21 M)

10. R: 2 M zusammen abmaschen, 17 fM, 2 M zusammen abmaschen, 1 Wl (= 19 M)
11.–12. R: Jeweils 19 fM häkeln, 1 Wl (= 19 M)
13. R: (Kirsche): 2 M zusammen abmaschen, 15 fM, 2 M zusammen abmaschen, 1 Wl (= 17 M)
14.–15. R: Jeweils 17 fM häkeln, 1 Wl (= 17 M)
16. R: 2 M zusammen abmaschen, 13 fM, 2 M zusammen abmaschen, 1 Wl (= 15 M)
17.–18. R: Jeweils 15 fM häkeln, 1 Wl (= 15 M)
19. R: 2 M zusammen abmaschen, 11 fM, 2 M zusammen abmaschen, 1 Wl (= 13 M)
20.–21. R: Jeweils 13 fM häkeln, 1 Wl (= 13 M)
22. R: 2 M zusammen abmaschen, 9 fM, 2 M zusammen abmaschen, 1 Wl (= 11 M)
23.–24. R: Jeweils 11 fM häkeln, 1 Wl (= 11 M)
25. R: 2 M zusammen abmaschen, 7 fM, 2 M zusammen abmaschen, 1 Wl (= 9 M)
26. R: 9 fM häkeln, 1 Wl (= 9 M)
27. R: 2 M zusammen abmaschen, 5 fM, 2 M zusammen abmaschen, 1 Wl (= 7 M)
28. R: 7 fM häkeln, 1 Wl (= 7 M)
29. R: 2 M zusammen abmaschen, 3 fM, 2 M zusammen abmaschen, 1 Wl (= 5 M)
30. R: 5 fM häkeln, 1 Wl (= 5 M)
31. R: 2 M zusammen abmaschen, 1 fM, 2 M zusammen abmaschen, 1 Wl (= 3 M)
32. R: 3 fM häkeln, 1 Wl (= 3 M)
33. R: 2 M zusammen abmaschen, 1 fM, 1 Wl (= 2 M)
34. R: 2 M zusammen abmaschen (= 1 M)
Garn abschneiden und vernähen.

Wichtelrückseite
1.–11. R der Vorderseite häkeln.
12. R: 10 fM, 8 Lm, 1 fM in gleiche M, 9 fM
Garn nicht abschneiden und ruhen lassen.
In Kirsche 18 Lm anschlagen, ab der 2. M von der Nadel aus 17 fM häkeln, 1 Wl. Weiter ab 14. R der Vorderseite häkeln. Garn abschneiden und vernähen.

Bart
1. R: In Natur mit der 3,0 mm Häkelnadel 18 Lm anschlagen, ab der 2. M von der Nadel aus 2 Km, 13 fM, 2 Km, 1 Wl (= 17 M)
2. R: 2 Km, 1 fM, 1 hStb, 2 Stb in 1 M, 7 Stb, 2 Stb in 1 M, 1 hStb, 1 fM, 2 Km (= 19 M)
Garn länger abschneiden.

Gesicht
1. Rd: In Rosé Gold mit der Häkelnadel 2,0 mm 12 Lm anschlagen, ab der 2. M von der Nadel aus 10 fM, 3 fM in 1 M, die Rückseite der Lm-Kette behäkeln: 10 fM, 3 fM in 1 M (= 16 M)
2. Rd: 10 fM, 3-mal 2 fM in 1 M, 10 fM, 3-mal 2 fM in 1 M (= 22 M)
3. Rd: 10 fM, 3-mal (1 fM, 2 fM in 1 M), 10 fM, 3-mal (1 fM, 2 fM in 1 M) (= 28 M)
1 Km häkeln. Garn länger abschneiden.

Bäckchen (2-mal häkeln)
In Pink mit der 2,0 mm Häkelnadel 6 fM in einen Magic Ring häkeln, mit 1 Km in die 1. M zu einem Kreis schließen. Garn länger abschneiden.

Fertigstellung
Gesicht über dem Farbübergang der Vorderseite festnähen. An der Unterseite des Gesichts den Bart festnähen. Mit Schwarz Augen aufsticken. Mit Altrosa eine Nase aufsticken. Bäckchen auf dem Gesicht festnähen.
Vorder- und Rückseite gegengleich aufeinanderlegen. Von der Vorderseite aus durch alle M-Glieder mit fM zusammenhäkeln (in die Ecken 3 fM), dabei den Farbwechsel beachten und für den Teil in Kirsche neu anschlagen.
Garn abschneiden und vernähen, dabei darauf achten, dass die Farbübergänge ineinander übergehen (beim Vernähen eventuell angleichen).
Den Knopf gegenüber der Schlaufe auf der Rückseite festnähen.

Gartenglück

APFEL-MARZIPAN-ZUPFBROT UND GEHÄKELTE APFEL-TOPFLAPPEN

Es duftet einfach herrlich nach Marzipan, Äpfeln, Zucker und Zimt, wenn man die Ofentür öffnet und dieses unglaublich leckere Apfel-Marzipan-Zupfbrot mit den wunderschönen gehäkelten Apfel-Topflappen frisch aus dem Ofen holt. Ob zum Frühstück oder zu einer frischen Tasse Kaffee und Tee am Nachmittag, da greift jeder gerne zu. Das Brot schmeckt pur mit etwas Puderzucker bestäubt, mit Vanilleeis oder Vanillesoße – und auch am nächsten Tag ist es noch frisch und saftig.

Zutaten

» 380 g Weizenmehl
» 30 g frische Hefe
» 2 TL Zucker
» 1 Päckchen Vanillezucker
» ½ TL Salz
» 60 g Butter
» 140 ml Milch
» 1 Ei

Für die Füllung

» 150 g brauner Rohrohrzucker
» 1 EL Butter, weich
» 2 EL Zimt
» 3 große Äpfel, geschält, in kleinen Stückchen
» 70 g Marzipan, in kleinen Stücken
» Etwas Puderzucker

APFEL-ZUPFBROT MIT MARZIPAN

1. Eine Kastenform mit Backpapier auslegen und den Backofen auf 180 °C (Umluft) vorheizen.
2. Die Hefe in der lauwarmen Milch zusammen mit 2 TL Zucker auflösen und einige Minuten warten. Danach alle Zutaten miteinander vermischen und 1 Stunde abgedeckt gehen lassen.
3. Den Teig zu einem großen Quadrat ausrollen und in 16 kleinere Quadrate (ca. 7 x 7 cm und ca. 1 cm dick) schneiden. Diese dünn mit der weichen Butter bestreichen.
4. Die Äpfel schälen und in kleine Stücke schneiden. Zimt und Zucker in einer Schale miteinander vermischen und die Äpfel darin wenden, bis alle mit der Zimt-Zucker-Mischung bedeckt sind. Das klein geschnittene Marzipan unter die Apfelmischung mengen.
5. Die Teigquadrate nebeneinander in die Kastenform «stellen». Die Zwischenräume immer gleich mit 1 EL der Apfel-Marzipan-Mischung füllen.
6. Die Kastenform auf der mittleren Schiene ca. 35 bis 40 Minuten backen. Nach dem Abkühlen das Apfel-Zupfbrot mit etwas Puderzucker bestäuben und genießen.

APFEL-TOPFLAPPEN

Material

ca. 20 cm Durchmesser

» Schachenmayr Catania Grande (LL 63 m/50 g) in
Signalrot (Fb 03115)
Natur (Fb 03105)
Apfel (Fb 03205)
Sand (Fb 03212)
Taupe (Fb 03254)

» Schachenmayr Catania (LL 125 m/50 g) in Kaffee (Fb 00162)

» Häkelnadel 4,0 mm

» Wollnadel

Durchgeschnittener Apfel

1. Rd: In Sand 6 fM in einen Magic Ring häkeln (= 6 M)
2. Rd: Jede M verdoppeln (= 12 M)
3. Rd: Jede 2. M verdoppeln (= 18 M)
4. Rd: * 1 fM, verdoppeln, 1 fM, ab * 5-mal wiederholen (= 24 M)
5. Rd: (Natur): Jede 4. M verdoppeln (= 30 M)
6. Rd: * 2 fM, verdoppeln, 2 fM, ab * 5-mal wiederholen (= 36 M)
7. Rd: Jede 6. M verdoppeln (= 42 M)
8. Rd: * 3 fM, verdoppeln, 3 fM, ab * 5-mal wiederholen (= 48 M)
9. Rd: Jede 8. M verdoppeln (= 54 M)
10. Rd: * 4 fM, verdoppeln, 4 fM, ab * 5-mal wiederholen (= 60 M)
11. Rd: Jede 10. M verdoppeln (= 66 M)
12. Rd: * 5 fM, verdoppeln, 5 fM, ab * 5-mal wiederholen (= 72 M)
13. Rd: Jede 12. M verdoppeln (= 78 M)
14. Rd: * 6 fM, verdoppeln, 6 fM, ab * 5-mal wiederholen (= 84 M)
15. Rd: Jede 14. M verdoppeln (= 90 M)
16. Rd: (Signalrot): 7 fM, verdoppeln, 7 fM x 6 (= 96 M)
17. Rd: Jede 16. M verdoppeln (= 102 M)
18. Rd: 1 Km, 1 Km und 1 fM in 1 M, 1 fM, 1 hStb, 2 hStb

in 1 M, 30 Stb, 2 dStb in 1 M, 7 dStb, 2 dStb in 1 M, 3 Stb, 2 hStb, 1 fM, 2 Km, 1 fM, 2 hStb, 3 Stb, 2 dStb in 1 M, 7 dStb, 2 dStb in 1 M, 30 Stb, 2 hStb in 1 M, 1 hStb, 1 fM, 1 fM und 1 Km in 1 M, 1 Km Garn abschneiden und vernähen.

Blatt
In Apfel 9 Lm anschlagen, ab der 2. M von der Nadel aus 1 Km, 2 fM, 3 hStb, 1 Stb, 5 Stb in 1 M, die Rückseite der Lm-Kette behäkeln: 1 Stb, 3 hStb, 2 fM, 1 Km. Garn länger abschneiden.

Fertigstellung
Für den Stiel in Taupe aus der ersten der mittleren 2 Km der 18. Rd 20 Lm anschlagen, in die zweite Km einstechen, 1 Km. Garn abschneiden und vernähen. Für den Blütenansatz in Taupe in die ersten und die letzten zwei M der 18. Rd 1 Km, 2 fM, 1 Km häkeln. Garn abschneiden und vernähen. Das Blatt links neben dem Stiel festnähen. Mit Kaffee mittig 2 Kerne aufsticken.

Ganzer Apfel
1.–18. Rd wie den durchgeschnittenen Apfel in Signalrot häkeln.

Blatt
Wie beim durchgeschnittenen Apfel häkeln.

Fertigstellung
Stiel und Blütenansatz wie beim durchgeschnittenen Apfel häkeln. Das Blatt rechts neben dem Stiel festnähen.

GEFÜLLTE CHILI- UND KRÄUTERSALZ-SÄCKCHEN

Selbst gemachte Salze eignen sich nicht nur wunderbar zum Verschenken, sondern auch für die eigene Küche. Zum Verfeinern eines Chili sin oder con Carne, zur Herstellung einer Kräuterbutter, zum Würzen von Fleisch, Fisch, Gemüse, Soßen oder eines schlichten Butterbrotes. Man kann das Chili- und Kräutersalz ganz einfach selbst machen und in kleinen Papiertüten oder Glasflaschen verpacken und in die gehäkelten Säckchen stecken. So finden sie mit Sicherheit ein schönes Plätzchen in der Küche, wo sie auf ihren nächsten Einsatz warten.

Zutaten

» 5 g Chilischoten, getrocknet und gemahlen
» 25 g Meersalz

CHILISALZ

Bei den getrockneten Chilischoten den grünen Stiel samt Kelch entfernen. Die Chilis einmal mittig aufschneiden und die Kerne mit einem Messer ausschaben. Danach die Chilischoten klein schneiden und zusammen mit dem Salz in einen Mixer oder Mörser geben und alles fein zermahlen. Anschließend das Chilisalz in die kleinen Fläschchen (5 ml) oder selbst gemachten Tütchen umfüllen und in die gehäkelten Säckchen stecken.

Unser Tipp

Das Chilisalz bitte sparsam verwenden, denn je nach Chilischoten kann es sehr scharf sein. Chilischoten kann man auch selbst trocknen. Dafür die entkernten Schoten auf ein Backblech mit Backpapier bei 60 °C (Umluft) ca. 4 Stunden im Backofen trocknen lassen. Damit die Feuchtigkeit beim Trocknen aus dem Backofen weichen kann, einen Holzlöffel in die Ofentür klemmen.

Man kann sie auch mit einem Band (Küchengarn oder Wolle) kopfüber aufgehängt ca. 3 bis 4 Wochen an einem sonnigen Ort trocknen.

KRÄUTERSALZ

Zutaten

- 10 g verschiedene getrocknete Kräuter. Es eignen sich z. B. Rosmarin, Majoran, Estragon, Thymian, Oregano, Petersilie, Salbei, Bärlauch. Basilikum, den viele von uns ja so gerne mögen, eignet sich nicht gut zum Trocknen, sondern eher für Öle.
- 20 g Meersalz

Die getrockneten Kräuter und das Salz in einen Mixer oder Mörser geben und alles zusammen fein zermahlen. Danach das Kräutersalz in die kleinen Fläschchen (5 ml) oder selbst gemachten Tütchen umfüllen und in die gehäkelten Säckchen stecken.

Unser Tipp

Kommen die Kräuter frisch aus dem Garten, kann man sie auch selbst im Backofen trocknen. Hierfür die Kräuter auf ein Backblech mit Backpapier bei ca. 50 bis 80 °C (Umluft) für 3 Stunden trocknen. Regelmäßig nachschauen, dass sie nicht dunkel werden.
Damit die Feuchtigkeit beim Trocknen aus dem Backofen weichen kann, einen Holzlöffel in die Ofentür klemmen.

Da Salz konserviert und die Chilischoten und Kräuter getrocknet sind, halten sich beide Salze mehrere Monate lang. Dabei darauf achten, dass sie immer schön trocken bleiben.

CHILI- UND KRÄUTERSALZ-SÄCKCHEN

Material

Größe: ca. 11,5 cm

- Schachenmayr Catania (LL 125 m/50 g) in
  Azalee (Fb 00398)
  Natur (Fb 00105)
  Signalrot (Fb 00115)
  Moos (Fb 00421)
  Reseda (Fb 00402)
  Camel (Fb 00179)
  Marone (Fb 00157)
  Tannenbaum (Fb 00419)
- Häkelnadel 2,0 mm
- Wollnadel

Chilisalz-Säckchen

1. Rd: In Azalee 21 Lm anschlagen, ab der 2. M von der Nadel aus 20 fM, Arbeit wenden und die Rückseite der Lm-Kette behäkeln: 20 fM (= 40 M)
2.–30. Rd: Jeweils 40 fM häkeln (= 40 M)
31. Rd: 3 Lm (= 1 Stb), 39 Stb häkeln, 1 Km in die 1. M der Rd (= 40 M)
32.–36. Rd: Jeweils 40 fM häkeln (= 40 M)
1 Km häkeln, Garn abschneiden und vernähen.

Aufnäher

1. R: In Natur 11 Lm anschlagen, ab der 2. M von der Nadel aus 10 fM häkeln, 1 Wl (= 10 M)
2.–13. R: Jeweils 10 fM häkeln, 1 Wl (= 10 M)
Garn nicht abschneiden, Aufnäher mit fM umhäkeln (in die Ecken 3 fM). 1 Km häkeln, Garn länger abschneiden.

Chili

In Signalrot 12 Lm anschlagen, ab der 2. M von der Nadel aus 4 Km, 4 fM, 2 hStb, 3 fM in 1 M, die Rückseite der Lm-Kette behäkeln: 2 hStb, 4 fM, 4 Km.
Garn länger abschneiden.

Band

In Moos 130 Lm anschlagen. Enden verknoten und abschneiden.

Fertigstellung

Die Chili auf dem Aufnäher festnähen. Mit Moos Stielansatz und Stiel aufsticken. Den Aufnäher auf der Vorderseite

festnähen (die Unterkante sollte ca. 6 R Abstand von der Unterkante des Beutels haben).
Das Band beginnend von der rechten Seite aus in die 31. R des Beutels einweben und eine Schleife binden.

Kräutersalz-Säckchen

1.–36. Rd in Reseda wie Chilisalz-Säckchen häkeln.

Aufnäher

1.–13. R wie den Aufnäher des Chilisalz-Säckchens häkeln.

Band

In Azalee wie das Band des Chilisalz-Säckchens häkeln.

Fertigstellung

In Marone und Tannenbaum einen Rosmarin-Zweig aufsticken. Mit Azalee ein paar Blüten aufsticken. Rechts daneben in Camel und Moos einen Thymianzweig aufsticken.
Das Band wie bei dem Chilisalz-Säckchen einziehen.

SOMMERLICHE OBSTSALAT-LIMONADE MIT FRUCHTIGEN UNTERSETZERN

Im Sommer gehören sie einfach dazu: frische Früchte und Limonaden. Warum nicht einfach beides miteinander kombinieren und daraus eine leckere Obstsalat-Limonade machen? Dazu stehen die Gläser auf einer hübschen gehäkelten Melone, Orange, Kiwi, Drachenfrucht, einem Apfel oder einer Zitrone und schon ist die gute Laune garantiert. Sie eignen sich auch wunderbar als liebes Geschenk für das nächste Gartenfest oder einen Sommergeburtstag.

Zutaten

- 500 ml Orangensaft
- 500 ml Sprudelwasser
- Saft von ½ Zitrone
- Verschiedenes Obst, zum Beispiel: Orangen, Blaubeeren, Ananas, Kiwis, Granatapfel, Drachenfrucht und Melone
- Eiswürfel
- Als Zubehör braucht man Strohhalme und (lange) Löffel für das Glas.

OBSTSALAT-LIMONADE

1. Den Orangensaft mit dem Saft der halben Zitrone und dem Sprudelwasser in einer Kanne mischen. Dabei vorsichtig umrühren, damit es nicht zu sehr schäumt. Das Obst klein schneiden. Die Gläser zur Hälfte mit der erfrischenden Limonade füllen und mit 2 EL Obstsalat auffüllen. Ein paar Eiswürfel hinzugeben und mit einem Strohhalm und einem (langen) Löffel servieren.
2. Nach dem Trinken der Limonade kann man den fruchtigen Obstsalat direkt aus dem Glas löffeln. Köstlich.

Unser Hinweis

Banane, Birne und Apfel eignen sich aufgrund ihrer zu weichen und zu festen Konsistenz nicht für den Obstsalat in der Limonade.

FRÜCHTE-UNTERSETZER

Material

Größe: ca. 10 cm Durchmesser

» Schachenmayr Catania (LL 125 m/50 g) in
Weiß (Fb 00106)
Mimose (Fb 00100)
Sonne (Fb 00208)
Natur (Fb 00105)
Orange (Fb 00281)
Signalrot (Fb 00115)
Sand (Fb 00404)
Apfel (Fb 00205)
Orchidee (Fb 00222)
Curry (Fb 00431)
Cyclam (Fb 00114)
Kaffee (Fb 00162)
Schwarz (Fb 00110)
» Häkelnadel 2,0 mm
» Wollnadel

Zitronen-Untersetzer (Grundform)

1. Rd: In Weiß 6 fM in einen Magic Ring häkeln (= 6 M)
2. Rd: Jede M verdoppeln (= 12 M)
3. Rd: (Mimose): Jede 2. M verdoppeln (= 18 M)
4. Rd: * 1 fM, verdoppeln, 1 fM, ab * 5-mal wiederholen (= 24 M)
5. Rd: Jede 4. M verdoppeln (= 30 M)
6. Rd: * 2 fM, verdoppeln, 2 fM, ab * 5-mal wiederholen (= 36 M)
7. Rd: Jede 6. M verdoppeln (= 42 M)
8. Rd: * 3 fM, verdoppeln, 3 fM, ab * 5-mal wiederholen (= 48 M)
9. Rd: Jede 8. M verdoppeln (= 54 M)
10. Rd: * 4 fM, verdoppeln, 4 fM, ab * 5-mal wiederholen (= 60 M)
11. Rd: (Weiß): Jede 10. M verdoppeln (= 66 M)
12. Rd: (Sonne): 5 fM, verdoppeln, 5 fM x 6, dabei nur die hinteren M-Glieder häkeln (= 72 M)
13. Rd: Jede 12. M verdoppeln (= 78 M)
1 Km häkeln, Garn abschneiden und vernähen.

Fertigstellung

In Weiß zwischen der 2. und der 11. Rd 6 lange Striche aufsticken.

Orangen-Untersetzer
1.–2. Rd: In Natur
3.–10. Rd: In Sonne
11. Rd: In Weiß
12.–13. Rd: In Orange

Fertigstellung
In Natur zwischen der 2. und der 11. Rd 6 lange Striche aufsticken.

Apfel-Untersetzer
1.–5. Rd: In Sand
6.–11. Rd: In Natur
12.–13. Rd: In Signalrot

Fertigstellung
In der Mitte mit Kaffee 2 Apfelkerne aufsticken.

Melonen-Untersetzer
1.–10. Rd: In Orchidee
11. Rd: In Natur
12.–13. Rd: In Apfel

Fertigstellung
In Kaffee 8 Kerne aufsticken.

Kiwi-Untersetzer
1.–4. Rd: In Natur
5.–11. Rd: In Apfel
12.–13. Rd: In Curry

Fertigstellung
Auf der 5. bis 7. Rd in Kaffee ganz viele kleine Punkte aufsticken.

Drachenfrucht-Untersetzer
1.–11. Rd: In Weiß
12.–13. Rd: In Cyclam

Fertigstellung
In Schwarz ganz viele kurze Striche aufsticken.

Unser Tipp
Zum Verschenken die Untersetzer übereinander stapeln. Mit Apfel 200 Lm anschlagen, Enden verknoten und abschneiden. Nun um den Untersetzer-Stapel mit der Schnur eine Schleife binden.

Kürbisse sind überall beliebt und gehören im Herbst einfach dazu. Während bei uns die klassische Kürbissuppe am beliebtesten ist, ist man in vielen anderen Ländern kulinarisch schon etwas mutiger. Dort gibt es unter anderem Kürbis Pie, Kürbismuffins, Kürbiskuchen und -kekse, gebackenen Kürbis, Kürbismarmelade und Chutneys, heiße Kürbisschokolade oder einen Kürbis-Milchkaffee, den sogenannten Pumpkin Spice Latte. Für viele dieser Gerichte kann man ein Kürbis-Gewürz verwenden, das dem Ganzen noch das besondere Extra gibt und sich in dem gehäkelten Kürbisglas als kleines Geschenk für die Küche eignet.

Zutaten

» 1 ½ TL Pimentkörner, gemahlen
» 1 ½ TL Kardamom, gemahlen
» 3 TL Nelken, gemahlen
» 3 TL Ingwerpulver
» 1 ½ TL Muskatnuss, gemahlen
» 3 TL Kurkuma
» 6 TL Zimt
» 6 TL Salz
» Etwas Chilipulver

SELBST GEMACHTES PUMPKIN-SPICE-GEWÜRZ MIT KÜRBISSUPPE UND AMERIKANISCHEM PUMPKIN SPICE LATTE

PUMPKIN-SPICE-GEWÜRZ

1. Alle Zutaten für das Kürbis-Gewürz miteinander vermischen und in das umhäkelte Kürbisglas (siehe Seite 87) füllen. Man kann auch kleinere Gläser verwenden und das Gewürz aufteilen.
2. Die verschiedenen Kürbis-Gerichte je nach Geschmack mit dem Kürbis-Gewürz würzen. Es eignet sich als extra Pep für alle Gerichte mit Kürbis und natürlich in der klassischen Kürbissuppe.

KÜRBISSUPPE MIT KOKOSMILCH UND KÜRBIS-GEWÜRZ

Zutaten

- » 1 Hokkaidokürbis (ca. 1 kg)
- » 600 g Möhren
- » 1 Zwiebel
- » 2 EL Butter
- » 1 l Gemüsebrühe
- » 500 ml Kokosmilch
- » Salz
- » Pfeffer
- » ½ TL Kürbis-Gewürz

1. Die Zwiebel klein schneiden und in der Butter anbraten.
2. Den Hokkaidokürbis waschen, entkernen und das Fruchtfleisch klein schneiden. Die Möhren auch waschen, schälen und klein schneiden.
3. Das Gemüse zu den Zwiebeln geben.
4. Die Gemüsebrühe hinzugeben und alles ungefähr 20 Minuten köcheln lassen, bis der Kürbis weich ist.
5. Die Suppe mit dem Pürierstab pürieren. Kokosmilch, Salz, Pfeffer und Kürbis-Gewürz nach Geschmack hinzugeben und abschmecken. Noch einmal kurz aufkochen lassen und mit etwas geröstetem Brot servieren.

AMERIKANISCHER PUMPKIN SPICE LATTE

Der Pumpkin Spice Latte ist in den USA das Trendgetränk und mittlerweile wird er auch bei uns in der kalten Jahreszeit immer beliebter. Es ist ein Milchkaffee, der süß und gleichzeitig würzig schmeckt. Am Anfang eine mutige Kombination, aber hat man ihn erst einmal probiert, befindet er sich schnell auf der Liste der Lieblingsgetränke.

Zutaten

- 300 ml Kaffee oder 1 Espresso mit 250 ml Milch
- 1 TL Kürbispüree
- ½ bis 1 TL Kürbis-Gewürz
- 1 TL Rohrohrzucker oder Agavendicksaft
- evtl. aufgeschäumte Milch oder Sahne

1. Für einen großen Becher Pumpkin Spice Latte nimmt man 300 ml Kaffee oder vermischt einen Espresso und 250 ml Milch. Dazu gibt man 1 TL Kürbispüree, ½ bis 1 TL des selbst gemachten Kürbis-Gewürzes und 1 TL Rohrohrzucker oder Agavendicksaft. Das Kürbispüree kann man entweder aus einem frischen Kürbis selbst machen, zum Beispiel in Verbindung mit der Kürbissuppe. Oder man kauft ein kleines Babygläschen puren Kürbis, denn dieser hat die perfekte Konsistenz und ist ohne Zusätze.
2. Alles gut miteinander vermischen. In ein großes Glas umfüllen. Aufgeschäumte Milch oder Sahne und noch etwas Gewürz obendrauf – fertig ist der beliebte amerikanische Pumpkin Spice Latte.

PUMPKIN-SPICE-GEWÜRZ-GLAS

Material

Größe: ca. 7 cm

- Schachenmayr Catania (LL 125 m/50 g) in
  Orange (Fb 00281)
  Marone (Fb 00157)
  Moos (Fb 00421)
- Häkelnadel 2,0 mm
- Kleines (Marmeladen-)Glas:
  Deckel 5,5 cm Durchmesser, Glasboden
  6 cm Durchmesser, Höhe 7 cm
- Wollnadel

Kürbisunterteil

1. Rd: In Orange 6 fM in einen Magic Ring häkeln (= 6 M)
2. Rd: Jede M verdoppeln (= 12 M)
3. Rd: Jede 2. M verdoppeln (= 18 M)
4. Rd: * 1 fM, verdoppeln, 1 fM, ab * 5-mal wiederholen (= 24 M)
5. Rd: Jede 4. M verdoppeln (= 30 M)
6. Rd: * 2 fM, verdoppeln, 2 fM, ab * 5-mal wiederholen (= 36 M)
7. Rd: Jede 6. M verdoppeln (= 42 M)
8. Rd: * 3 fM, verdoppeln, 3 fM, ab * 5-mal wiederholen (= 48 M)
9. Rd: Jede 8. M verdoppeln (= 54 M)
10.–22. Rd: Jeweils 54 fM häkeln (= 54 M)
1 Km häkeln, Garn abschneiden und vernähen.

Kürbisoberteil

1. Rd: In Marone 6 fM in einen Magic Ring häkeln (= 6 M)
2. Rd: 6 fM, dabei nur die hinteren M-Glieder häkeln (= 6 M)
3.–4. Rd: Jeweils 6 fM häkeln (= 6 M)
5. Rd: (Orange): Jede M verdoppeln (= 12 M)
6. Rd: Jede 2. M verdoppeln (= 18 M)
7. Rd: * 1 fM, verdoppeln, 1 fM, ab * 5-mal wiederholen (= 24 M)
8. Rd: Jede 4. M verdoppeln (= 30 M)
9. Rd: * 2 fM, verdoppeln, 2 fM, ab * 5-mal wiederholen (= 36 M)
10. Rd: Jede 6. M verdoppeln (= 42 M)
11. Rd: * 3 fM, verdoppeln, 3 fM, ab * 5-mal wiederholen (= 48 M)

12.–14. Rd: Jeweils 48 fM häkeln (= 48 M)
15. Rd: Jede 7. und 8. M zusammen abmaschen (= 42 M)
1 Km häkeln, Garn abschneiden und vernähen.

Großes Blatt
In Moos 31 Lm anschlagen, ab der 2. M von der Nadel aus in jede M 2 fM häkeln.
Garn länger abschneiden.

Kleines Blatt
In Moos 21 Lm anschlagen, ab der 2. M von der Nadel aus in jede M 2 fM häkeln.
Garn länger abschneiden.

Fertigstellung
Die Blätter am Stiel des Kürbisoberteils festnähen. Das Glas in das Kürbisunterteil stecken und über den Deckel das Kürbisoberteil ziehen.

RADIESCHEN-GRÜN-PESTO MIT EINEM RADIESCHEN-EINKAUFSNETZ

Wir lieben Radieschen und bisher haben sich immer unsere Kaninchen über das übrig gebliebene Grün gefreut. Nun bekommen sie ernsthafte Konkurrenz, denn wir haben aus dem Radieschen-Grün ein sehr leckeres Pesto selbst gemacht. Die grünen Blätter enthalten nicht nur antibakteriell wirkende Senföle, sondern auch Magnesium und viel Vitamin C. Und damit man die Radieschen vom Einkaufen oder aus dem eigenen Garten auch stilvoll transportieren kann, haben wir ein zauberhaftes gehäkeltes Radieschennetz dafür.

Zutaten

» Ca. 100 g Radieschen-Grün (gewaschene Blätter ohne Stiel)
» 6 Radieschen
» 60 g Parmesan
» 2 Knoblauchzehen (kann man auch weglassen, wenn man keinen Knoblauch mag)
» Eine kleine Packung Pinienkerne (ca. 80 bis 100 g)
» 100 ml Olivenöl
» 1 EL Salz
» Etwas Pfeffer

RADIESCHEN-GRÜN-PESTO

1. Die Radieschen-Grün-Blätter gut waschen, den Stiel entfernen. Die Radieschen waschen und die Enden abschneiden. Den Parmesan etwas klein schneiden. Die beiden Knoblauchzehen schälen.
2. Die Pinienkerne in einer Pfanne ohne Öl anrösten. Vorsicht, sie brennen schnell an.
3. Nun alle Zutaten zusammen mit dem Öl, Salz und Pfeffer in einen Mixer geben und klein mixen.
4. In kleine Gläser geben und diese mit Olivenöl bedecken.

Unsere Tipps zum Genießen

Das Radieschen-Grün-Pesto schmeckt wunderbar als Nudelsoße, Kräuterquark oder mit Joghurt verrührt als Kräutersoße. Es eignet sich aber auch als Brotaufstrich, zum Dippen für Gemüse- oder Brotsticks oder verdünnt mit Essig und etwas Wasser als Salatdressing.

RADIESCHEN-NETZ

Material

Größe: ca. 28 cm hoch

» Schachenmayr Catania (LL 125 m/50 g) in
Erdbeere (Fb 00258)
Natur (Fb 00105)
Moos (Fb 00412)
» Häkelnadel 2,0 mm und 3,5 mm
» Kleiner Schlüsselanhänger
» Grüne Holzperle, ca. 1 cm Durchmesser
» Füllwatte
» Wollnadel

Radieschen-Netz

1. Rd: In Natur mit der 3,5 mm Häkelnadel 43 Lm anschlagen, ab der 2. M von der Nadel aus 41 fM, 2 fM in 1 M, die Rückseite der Lm-Kette behäkeln: 41 fM (= 84 M)
2.–6. Rd: Jeweils 84 fM häkeln (= 84 M)
7. Rd: (Erdbeere): * 7 Lm, 3 M überspringen, 1 Km, ab * 20-mal wiederholen (= 21 Lm-Bögen)
8. Rd: * 7 Lm, 1 fM um die mittlere M des Lm-Bogens der Vorrunde, ab * 20-mal wiederholen (= 21 Lm-Bögen)
9.–32. Rd: Jeweils * 7 Lm, 1 fM um die mittlere M des Lm-Bogens der Vorrunde, ab * 20-mal wiederholen (= 21 Lm-Bögen)
33. Rd: (Moos): * 7 Lm, 1 fM um die mittlere M des Lm-Bogens der Vorrunde, ab * 20-mal wiederholen (= 21 Lm-Bögen)
34.–36. Rd: Jeweils * 7 Lm, 1 fM um die mittlere M des Lm-Bogens der Vorrunde, ab * 20-mal wiederholen (= 21 Lm-Bögen)
37. Rd: 2 Lm, * 4 fM über die mittleren M des Lm-Bogens der Vorrunde, ab * 20-mal wiederholen (= 86 M)
38. Rd: 2 fM, in den verkürzten Lm-Bogen der Vorrunde, 84 fM (= 86 M)
39. Rd: 3 Lm (= 1 Stb), 85 Stb, 1 Km in die 1. M der Rd (= 86 M)
40. Rd: 86 fM häkeln (= 86 M)
1 Km häkeln, Garn abschneiden und vernähen.

Band

In Moos 150 Lm häkeln. Garn abschneiden und an beiden Enden verknoten. Mit der Wollnadel in die 39. Rd einweben.

Radieschen-Anhänger

1. Rd: In Erdbeere mit der 2,0 mm Häkelnadel 6 fM in einen Magic Ring häkeln (= 6 M)
2. Rd: Jede M verdoppeln (= 12 M)
3. Rd: Jede 2. M verdoppeln (= 18 M)
4. Rd: 18 fM häkeln (= 18 M)
5. Rd: Jede 3. M verdoppeln (= 24 M)
6.–10. Rd: 24 fM häkeln (= 24 M)
11. Rd: Jede 3. und 4. M zusammen abmaschen (= 18 M)
12. Rd: 18 fM häkeln (= 18 M)
13. Rd: Jede 2. und 3. M zusammen abmaschen (= 12 M)
14. Rd: (Natur): 12 fM häkeln (= 12 M)
Fortlaufend mit Füllwatte ausstopfen.
15. Rd: Immer 2 M zusammen abmaschen (= 6 M)
16. Rd: Immer 2 M zusammen abmaschen (= 3 M)
Garn abschneiden, mit der Wollnadel durch alle 3 vorderen M-Glieder fädeln, zusammenziehen, vernähen und ca. 2 cm vom Garn stehen lassen.

Radieschenblätter

In den Magic Ring einstechen und in Moos 12 Lm anschlagen, ab der 4. M von der Nadel aus 2 Stb, 1 hStb, 1 fM, 7 Km häkeln. Noch mal in den Magic Ring einstechen, 15 Lm anschlagen, ab der 4. M von der Nadel aus 3 Stb, 1 hStb, 1 fM, 7 Km häkeln, wieder in den Magic Ring einstechen und 1 Km häkeln. Garn länger abschneiden (wird zum Befestigen des Schlüsselanhängers gebraucht).

Fertigstellung

Das Radieschen am Schlüsselanhänger befestigen. Die beiden Enden der Lm-Kette durch die Holzperle fädeln und die Enden verknoten.
Den Radieschen-Anhänger am Beutel befestigen.

Unser Tipp

Für einen Karotten-Beutel 1.–32. Rd in Orange und 33.–40. Rd in Moos häkeln.
Für den Anhänger einfach die Karotte vom Marmeladenglas-Häubchen (siehe Seite 11) häkeln.

Weihnachtliches

WEIHNACHTSGRANOLA IM NUSSKNACKER-GLAS

Was ist da Knusperiges in meinem Mund? Ein feines Granola aus zarten Haferflocken, Nüssen, Schokolade, getrocknetem Obst und winterweihnachtlichen Gewürzen. Ganz wunderbar schmeckt dieses Granola zu Joghurt, mit Milch, pflanzlichen Milchalternativen, Obstsalat, als Topping auf einer Torte oder einfach pur. Da entsteht schon am Morgen beim Frühstück ein Weihnachtskribbeln im Bauch. Das Granola kann passend im wunderschönen Nussknacker-Glas aufbewahrt oder darin verschenkt werden. Ganz sicher wird es sofort in jeder Küche für Weihnachtsstimmung sorgen!

Zutaten

» 400 g Haferflocken, fein
» 140 g Haselnüsse, Walnüsse oder Mandeln, gehackt
» 6 TL reines Kakaopulver (ohne Zucker)
» 12 EL Öl (Sonnenblumen- oder Rapsöl)
» 100 ml Honig, flüssig
» 50 g Zartbitterschokolade, gehackt
» 2 EL Orangenschalenstücke, getrocknet
» 2 EL Apfelstücke, getrocknet
» 2 EL Kokoschips

Gewürzvarianten

» 2 TL Gewürzmischung: 1 TL Zimt, ½ TL Koriander, ½ TL Kardamom miteinander vermischen oder
» 2 TL Lebkuchengewürz

WEIHNACHTSGRANOLA

1. Alle Zutaten (bis auf die Schokolade, die Orangenschalen, Apfelstücke und Kokoschips) miteinander in einer großen Schale vermischen.
   Ein Backblech mit Backpapier auslegen, die Müslimischung darauf verteilen.
2. Bei 160 °C (Umluft) das Granola ca. 40 Minuten im Ofen rösten, bis das Müsli ganz knusprig ist. Nach ungefähr der Hälfte der Zeit die Masse einmal wenden. Immer mal wieder danach schauen, am Rand wird das Granola schnell dunkel.
3. Das Granola wird beim Auskühlen.
   Nach dem Abkühlen die klein gehackte Schokolade, die Orangenschalen, Apfelstücke, Kokoschips und die Gewürze unterrühren und luftdicht im umhäkelten Nussknacker-Glas verschenken oder für sich selbst behalten.

Unser Tipp

Sie können die Orangenschalen und Apfelstücke auch ganz einfach im Backofen selbst trocknen. Mehr dazu sehen Sie hier im Buch unter: Gehäkeltes Streichholzglück mit feinen Teemischungen auf Seite 102.

NUSSKNACKER-GLAS

Material

Größe: ca. 18,5 cm

- Schachenmayr Catania (LL 125 m/50 g) in
  Reseda (Fb 00402)
  Hyazinth (Fb 00240)
  Jade (Fb 00253)
  Gold (Fb 00249)
  Altrosa (Fb 00408)
  Weiß (Fb 00106)
  Ivory (Fb 00436)
  Pink (Fb 00225)
  Schwarz (Fb 00110)
  Denim (Fb 00421)
  Signalrot (Fb 00115)
- Schachenmayr Merino Extrafine 120 (LL 120 m/50 g) in
  Natur (Fb 00102)
- Häkelnadel 2,0 mm und 3,0 mm
- Dünne Goldkordel
- Wollnadel
- Glas mit Deckel, Durchmesser: 13 cm, Höhe: 18,5 cm

Cosy

1. R: In Reseda mit der 3,0 mm Häkelnadel 80 Lm anschlagen, ab der 3. M von der Nadel aus 78 hStb, 2 Wl (= 78 M)
2.–17. R: Jeweils 78 hStb häkeln, 2 Wl (= 78 M)
18. R: 78 hStb häkeln (= 78 M)
Garn länger abschneiden. Entlang der Ober- und Unterkante mit der Goldkordel jeweils 78 fM häkeln.

Unser Hinweis

Wenn das Glas kleiner oder größer ist, die Anzahl der Maschen des Cosys einfach anpassen (die Anzahl der Lm in der 1. Rd entweder reduzieren oder vervielfachen, sodass es um das ausgesuchte Glas passt).

Nussknacker
(alle Teile mit der 2,0 mm Häkelnadel häkeln)

1. R: In Denim 21 Lm anschlagen, ab der 2. M von der Nadel aus 20 fM, 1 Wl (= 20 M)
2.–3. R: Jeweils 20 fM häkeln, 1 Wl (= 20 M)
4. R: (Ivory): 20 fM, 1 Wl (= 20 M)
5.–14. R: Jeweils 20 fM häkeln, 1 Wl (= 20 M)
15. R: (Hyazinth): 20 fM, 1 Wl (= 20 M)
16.–26. R: Jeweils 20 fM häkeln, 1 Wl (= 20 M)
27. R: 2 M zusammen abmaschen, 16 fM, 2 M zusammen abmaschen, 1 Wl (= 18 M)
28. R: 2 M zusammen abmaschen, 14 fM, 2 M zusammen abmaschen (= 16 M)
Garn länger abschneiden.

Augen (2-mal häkeln)
In Weiß 6 Lm anschlagen, ab der 2. M von der Nadel aus 1 Km, 1 hStb, 1 Stb, 1 hStb, 1 Km.
Garn länger abschneiden.

Nase
In Altrosa 6 Lm anschlagen, ab der 2. M von der Nadel aus 1 Km, 1 fM, 1 hStb, 2 Stb.
Garn länger abschneiden.

Bäckchen (2-mal häkeln)
In Pink 2 Lm (= 1 hStb), 7 hStb in einen Magic Ring häkeln, mit 1 Km in die 1. M zu einem Kreis schließen.
Garn länger abschneiden.

Bart
1. R: In Natur 6 Lm anschlagen, ab der 2. M von der Nadel aus 5 fM, 1 Wl (= 5 M)
2. R: 2 fM in 1 M, 3 fM, 2 fM in 1 M, 1 Wl (= 7 M)
3. R: 7 fM, 1 Wl (= 7 M)
4. R: 2 M zusammen abmaschen, 3 fM, 2 M zusammen abmaschen, 1 Wl (= 5 M)
5. R: 2 M zusammen abmaschen, 1 fM, 2 fM zusammen abmaschen, 1 Wl (= 3 M)
6. R: 3 fM, 1 Wl (= 3 M)
7. R: 2 M zusammen abmaschen, 1 fM, 1 Wl (= 2 M)
8. R: 2 fM zusammen abmaschen (= 1 M)
Garn länger abschneiden.

Kugel auf der Krone
In Gold 4 Lm anschlagen, ab der 2. M von der Nadel aus 1 Km, 3 hStb in 1 M, 1 Km.
Garn länger abschneiden.

Krone
In Gold 21 Lm anschlagen, ab der 2. M von der Nadel aus 2 Km, * 1 Lm, 1 Stb, 1 Lm, 2 Km, ab * 5-mal wiederholen.
Garn länger abschneiden.

Fertigstellung
Den Nussknackerkopf auf den Cosy nähen, dabei unbedingt die Farbe des Garns beachten und wechseln.
Oberhalb des Gesichts (nicht bündig) die Krone festnähen. Ganz oben die Kugel festnähen.
Unterhalb der Krone beidseitig des Gesichts jeweils 7 Stücke Merino Garn anknüpfen und dann auf 3 cm kürzen.
Die Augen festnähen und mit Jade jeweils eine Pupille aufsticken.
Die Nase sowie Bäckchen und Bart festnähen.
Mit Schwarz Augenbrauen und Schnauzbart aufsticken.
Mit Signalrot einen Mund aufsticken.
Abschließend die beiden kurzen Seiten des Cosys zusammennähen, dabei auch mit der Goldkordel vernähen.

Kommt, wir machen es uns gemütlich! Mit diesen beiden leckeren Tee-mischungen, ein paar Kerzen und der zauberhaften umhäkelten Streichholz-schachtel fühlt man sofort ein wohlig-warmes Gefühl in sich aufsteigen. Die Teemischungen kann man ganz leicht selbst machen und in einem Glas mit Stoffhäubchen verschenken oder für sich selbst behalten.

Zutaten

für 100 g Beerentee

- 20 g Apfelstücke, klein geschnitten und getrocknet
- 20 g Hibiskusblüten
- 20 g Heidelbeeren, getrocknet
- 20 g Johannisbeeren, Erdbeeren oder Himbeeren, getrocknet
- 10 g Hagebuttenschalen oder Hagebuttentee
- 10 g Brombeerblätter, getrocknet

für 100 g Bratapfeltee

- 50 g Apfelstücke, klein geschnitten und getrocknet
- 20 g Hibiskusblüten
- 15 g Mandeln, klein gehackt
- 15 g Orangenschalen, getrocknet
- 1 TL Zimt
- 1 TL Vanille
- ½ TL Nelken, gemahlen

GEHÄKELTES STREICHHOLZGLÜCK MIT FEINEN TEEMISCHUNGEN

TEEMISCHUNGEN

1. Die beiden Teemischungen jeweils zusammenmischen und in zwei Gläsern aufbewahren oder verschenken.
2. Von beiden Sorten jeweils 3 bis 4 TL des Tees in ein Sieb, einen Teebeutel oder ein großes Teeei geben, mit einem Liter kochend heißem Wasser aufgießen und 10 Minuten ziehen lassen.

Unsere Tipps

Die Zutaten für die beiden Tees bekommt man in Apotheken, Reformhäusern, Bioläden und im Internet. Wenn man gleich eine größere Menge Tee macht, kann man diesen auf mehrere Gläser verteilen und verschenken.

Apfelstücke und Orangenschalen kann man auch leicht selbst trocknen. Dafür die Äpfel und Orangen gut waschen.
Aus den Äpfeln das Kerngehäuse entfernen, sie danach in Apfelringe schneiden und auf ein Backblech mit Backpapier verteilen.
Die Orangenschalen dünn abschneiden (hobeln) und auch gleichmäßig auf ein Backblech mit Backpapier legen.
Bei 50 °C (Umluft) auf der mittleren Schiene für 2 bis 3 Stunden trocknen lassen. Damit die Feuchtigkeit beim Trocknen aus dem Backofen entweichen kann, einen Holzlöffel in die Ofentür klemmen.
Die Apfelringe und Orangenschalen jede Stunde einmal wenden und danach in Stücke schneiden oder brechen.

Material

Größe: 7 x 5 x 2,8 cm

- Schachenmayr Catania (LL 125 m/50 g) in
  Graublau (Fb 00269)
  Weinrot (Fb 00192)
  Natur (Fb 00105)
- Häkelnadel 2,0 mm
- Wollnadel
- Große Streichholzschachtel 7 x 5 x 2,8 cm
- Heißkleber

GLÜCKSSTREICHHOLZSCHACHTEL

Ober- und Unterseite (insgesamt 2-mal häkeln)

1. R: In Graublau 15 Lm anschlagen, ab der 2. M von der Nadel aus 14 fM, 1 Wl (= 14 M)

2.–20. R: Jeweils 14 fM häkeln, 1 Wl (= 14 M)

Garn nicht abschneiden. Häkelstück mit fM umhäkeln (in die Ecken 3 fM), 1 Km. Garn abschneiden und vernähen.

Pilzstiel

In Natur 9 Lm anschlagen, ab der 3. M von der Nadel aus 3 hStb, 3 Stb, 5 Stb in 1 M, die Rückseite der Lm-Kette behäkeln: 3 Stb, 4 hStb. Garn länger abschneiden.

Pilzhut

1. R: In Weinrot 10 Lm anschlagen, ab der 2. M von der Nadel aus 9 fM, 1 Wl (= 9 M)

2.–3. R: Jeweils 9 fM häkeln, 1 Wl (= 9 M)

4. R: 2 M zusammen abmaschen, 5 fM, 2 M zusammen abmaschen, 1 Wl (= 7 M)

5. R: 7 fM, 1 Wl (= 7 M)

6. R: 2 M zusammen abmaschen, 3 fM, 2 M zusammen abmaschen, 1 Wl (= 5 M)

7. R: 2 M zusammen abmaschen, 1 fM, 2 M zusammen abmaschen (= 3 M)

Garn nicht abschneiden. Beginnend mit einer Steige-Lm den Fliegenpilzhut mit fM umhäkeln (in die zwei Ecken 3 fM). 1 Km häkeln und Garn länger abschneiden.

Fertigstellung

Auf die Oberseite zuerst den Stiel und darauf den Pilzhut festnähen.

Mit Natur ein paar Punkte aufsticken.

Ober- und Unterseite mit Heißkleber an der Streichholzschachtel festkleben.

Fertig ist die zauberhafte Glücksstreichholzschachtel und eignet sich, zusammen mit einem der Tees, auch wunderbar als Geschenk, beispielsweise zur Silvesterparty zusammen mit ein paar Wunderkerzen oder zum Geburtstag mit einer besonders hübschen Kerze auf einem Kuchen ...

Diese gehäkelte Adventskalenderstadt lässt kleine und große Augen in der Vorweihnachtszeit leuchten. Ob an einer Schnur aufgehängt oder stehend zwischen Tannengrün – die kleinen Häuser und Tannenbäume sehen einfach zauberhaft aus. Darin ist Platz für eine kleine, feine Leckerei, wie die schokolierten Apfelringe und gebrannten Mandeln. Man kann sie in kleinen Papiertüten in die Häuser und Tannenbäume stecken.

Zutaten

- 3 bis 4 Äpfel
- Küchengarn oder ein Rundholz (10 mm, glatt)
- Kernausstecher
- Küchenmesser
- 2 Schraubhaken

Unsere Tipps

Auf die gleiche Art kann man auch getrocknete Birnenringe selbst machen – auch die sind sehr köstlich.
Übrigens: Gibt man der Kuvertüre etwas Kakaobutter dazu, bleibt sie auch nach dem Trocknen schön glänzend.

ADVENTSKALENDERSTADT MIT GEBRANNTEN MANDELN UND SCHOKO-APFELRINGEN

SCHOKO-APFELRINGE SELBST MACHEN

1. Nach einem geeigneten Platz suchen, wo die Apfelringe ungestört trocknen können und dort die beiden Schraubhaken mit einem Abstand von ca. 1 m anbringen.
2. In der Nähe eines Kamins oder einer Heizung ist ein besonders guter Platz, da brauchen die Apfelringe nur wenige Tage zum Trocknen. Man kann sie aber auch an einen Holzbalken, unter ein Regal oder in den Holzrahmen eines Fensters hängen. Möglichkeiten gibt es viele.
3. Die Äpfel waschen, mit dem Kernausstecher das Kerngehäuse entfernen und die Äpfel mit oder ohne Schale in dünne Ringe schneiden. Die Apfelringe nun auf das Küchenband oder das Rundholz aufziehen und an den Schraubhaken befestigen. Dabei darauf achten, dass die Apfelringe immer ausreichend Abstand zueinander haben, damit sie nicht schimmeln.
4. Nun die Apfelringe so lange trocknen lassen, bis sie zusammengezogen, aber noch weich sind. Dies dauert je nach Ort ungefähr eine Woche. Das Trocknen des Obstes führt zur Konservierung und macht es dadurch haltbar.
5. Die Apfelringe auf ein Blech mit Backpapier legen und die flüssige Kuvertüre nach Belieben darauf verteilen.

23
9

GEBRANNTE MANDELN WIE VOM WEIHNACHTSMARKT

Der Duft von frisch gebrannten Mandeln gehört zur Vorweihnachtszeit einfach dazu. In keiner anderen Zeit schmecken sie so gut wie in dieser. Sie so köstlich wie vom Weihnachtsmarkt zuzubereiten, ist gar nicht so schwer.

Zutaten

» 200 g Mandelkerne (ohne Schale)
» 200 g Rohrohrzucker, braun
» 120 ml Wasser
» 1 Päckchen Vanillezucker
» ¾ TL Zimt

1. In eine große Pfanne alle Zutaten hineingeben. Auf höchster Stufe alles einmal aufkochen und danach auf mittlerer Temperatur so lange weiterköcheln, bis das Wasser verdampft ist. Dabei immer wieder mit dem Kochlöffel umrühren und die Mandeln nicht aus den Augen lassen, da sie leicht anbrennen können.
2. Wenn das Wasser verdampft ist, wird die ganze Masse hell und krümelig. In diesem Moment die Temperatur noch einmal hochstellen und warten, bis der Zucker anfängt zu karamellisieren.
3. Sobald ¾ der Mandelmasse karamellisiert sind, die Pfanne vom Herd nehmen und die Mandeln mit dem Kochlöffel verrühren. Wenn alle Mandeln mit der braunen Karamellschicht überzogen sind, diese mit dem Kochlöffel auf ein mit Backpapier ausgelegtes Blech geben und vorsichtig verteilen, sodass sie beim Trocknen nicht aneinander kleben. Achtung: Die Mandeln sind dabei sehr heiß.
4. Sobald sie etwas abgekühlt sind, die Mandeln auseinanderbrechen. Perfekt sind sie, wenn sie unter der Karamellschicht noch etwas krümelige Zuckermasse haben. Dann sind die Mandel genauso wie auf dem Weihnachtsmarkt und schmecken auch so lecker!

Unser Tipp

Die Mandeln sind auch kalt köstlich und halten wochenlang.

ADVENTSKALENDERSTADT MIT TANNENBÄUMEN

Material

Größe: Häuser ca. 12,5 cm,
Tannen ca. 10,5 cm

» Schachenmayr Merino Extrafine 120 (LL 120 m/50 g) in
Teint (Fb 00124)
Marsala (Fb 00128)
Nostalgy (Fb 00143)
Pflaume (Fb 00146)
Feige (Fb 00144)
Tanne (Fb 00172)

» Schachenmayr Catania (LL 125 m/50 g) in
Gold (Fb 00249)
Marone (Fb 00157)
Weinrot (Fb 00192)
Schwarz (Fb 00110)

» Häkelnadel 2,0 mm und 3,0 mm

» Wollnadel

Häuser-Vorderseite

(Immer aus zwei unterschiedlichen Farben der Merino Extrafine 120 häkeln. Ausgenommen ist die Farbe Tanne.)

1. R: In der ersten Farbe mit der Häkelnadel 3,0 mm 18 Lm anschlagen, ab der 2. M von der Nadel aus 17 fM, 1 Wl (= 17 M)
2.–18. R: Jeweils 17 fM häkeln, 1 Wl (= 17 M)
19. R: (zweite Farbe) 17 fM häkeln, 1 Wl (= 17 M)
20. R: 2 M zusammen abmaschen, 13 fM, 2 M zusammen abmaschen, 1 Wl (= 15 M)
21. R: 15 fM häkeln, 1 Wl (= 15 M)
22. R: 2 M zusammen abmaschen, 11 fM, 2 M zusammen abmaschen, 1 Wl (= 13 M)
23. R: 13 fM häkeln, 1 Wl (= 13 M)
24. R: 2 M zusammen abmaschen, 9 fM, 2 M zusammen abmaschen, 1 Wl (= 11 M)
25. R: 11 fM häkeln, 1 Wl (= 11 M)
26. R: 2 M zusammen abmaschen, 7 fM, 2 M zusammen abmaschen, 1 Wl (= 9 M)
27. R: 9 fM häkeln, 1 Wl (= 9 M)
28. R: 2 M zusammen abmaschen, 5 fM, 2 M zusammen abmaschen, 1 Wl (= 7 M)
29. R: 7 fM häkeln, 1 Wl (= 7 M)
30. R: 2 M zusammen abmaschen, 3 fM, 2 M zusammen abmaschen, 1 Wl (= 5 M)
31. R: 5 fM häkeln, 1 Wl (= 5 M)
32. R: 2 M zusammen abmaschen, 1 fM, 2 M zusammen abmaschen, 1 Wl (= 3 M)
33. R: 2 M zusammen abmaschen, 1 fM, 1 Wl (= 2 M)
34. R: 2 M zusammen abmaschen (= 1 M)
Garn abschneiden und vernähen.

Häuser-Rückseite

1.–18. R: in gleicher Farbe wie die Vorderseite häkeln. Garn nicht abschneiden.

Tür

1. R: In Marone mit der Häkelnadel 2,0 mm 7 Lm anschlagen, ab der 2. M von der Nadel aus 6 fM häkeln, 1 Wl (= 6 M)
2.–9. R: Jeweils 6 fM häkeln, 1 Wl (= 6 M)
10. R: 6 fM häkeln (= 6 M)
Garn länger abschneiden.

Fenster (entweder ein- oder zweimal häkeln)

1. R: In Gold 6 Lm anschlagen, ab der 2. M von der Nadel aus 5 fM, 1 Wl (= 5 M)
2.–4. R: Jeweils 5 fM häkeln, 1 Wl (= 5 M)
5. R: 5 fM häkeln (= 5 M)
Garn länger abschneiden.

Fertigstellung

Auf die Vorderseite entweder eine Tür und ein Fenster oder nur zwei Fenster festnähen. Mit Schwarz ein Fensterkreuz aufsticken.
Mit Weinrot auf das Dach eine Zahl von 1–24 aufsticken.
Die Vorder- und Rückseite gegengleich aufeinanderlegen und von der Rückseite durch die Vorderseite häkelnd mit fM zusammenhäkeln (in die Ecken 3 fM). Garn abschneiden und vernähen.

Tannenbäume-Vorderseite

1. R: In Tanne mit der Häkelnadel 3,0 mm 20 Lm anschlagen, ab der 2. M von der Nadel aus 19 fM, 1 Wl (= 19 M)
2.–3. R: Jeweils 19 fM häkeln, 1 Wl (= 19 M)
4. R: 2 M zusammen abmaschen, 15 fM,
2 M zusammen abmaschen, 1 Wl (= 17 M)
5.–6. R: Jeweils 17 fM häkeln, 1 Wl (= 17 M)
7. R: 2 M zusammen abmaschen, 13 fM,
2 M zusammen abmaschen, 1 Wl (= 15 M)
8.–9. R: Jeweils 15 fM häkeln, 1 Wl (= 15 M)
10. R: 2 M zusammen abmaschen, 11 fM,
2 M zusammen abmaschen, 1 Wl (= 13 M)
11.–12. R: Jeweils 13 fM häkeln, 1 Wl (= 13 M)
13. R: 2 M zusammen abmaschen, 9 fM,
2 M zusammen abmaschen, 1 Wl (= 11 M)
14.–15. R: Jeweils 11 fM häkeln, 1 Wl (= 11 M)
16. R: 2 M zusammen abmaschen, 7 fM,
2 M zusammen abmaschen, 1 Wl (= 9 M)
17.–18. R: Jeweils 9 fM häkeln, 1 Wl (= 9 M)
19. R: 2 M zusammen abmaschen, 5 fM,
2 M zusammen abmaschen, 1 Wl (= 7 M)
20.–21. R: Jeweils 7 fM häkeln, 1 Wl (= 7 M)
22. R: 2 M zusammen abmaschen, 3 fM,
2 M zusammen abmaschen, 1 Wl (= 5 M)
23.–24. R: Jeweils 5 fM häkeln, 1 Wl (= 5 M)
25. R: 2 M zusammen abmaschen, 1 fM,
2 M zusammen abmaschen, 1 Wl (= 3 M)
26. R: 2 M zusammen abmaschen, 1 fM, 1 Wl (= 2 M)
27. R: 2 M zusammen abmaschen (= 1 M)
Garn abschneiden und vernähen.

Tannenbäume-Rückseite

1.–12. R wie die Vorderseite häkeln, Garn nicht abschneiden.

Fertigstellung

Auf die Vorderseite des Tannenbaums mit Weinrot eine Zahl von 1–24 aufsticken (dabei darauf achten, dass die Zahl nicht schon auf einem der Häuser ist).
Vorder- und Rückseite gegengleich aufeinanderlegen und ausgehend von der Rückseite mit fM zusammenhäkeln, dabei fortlaufend den ganzen Tannenbaum mit fM umhäkeln (in die Ecken 3 fM). Garn abschneiden und vernähen.
Nun kann man sie nach Herzenslust hinten befüllen und mit hübschen Holzwäscheklammern oder Clips an einer Schnur aufhängen oder an einem anderen Ort als kleine Adventskalenderstadt aufbauen.

DREIKÖNIGSBROT MIT GOLDENER KRONE

Jedes Jahr am 6. Januar ist der Dreikönigstag, an dem an die heiligen Drei Könige aus dem Morgenland gedacht wird. Manche Familien essen an diesem Tag einen Dreikönigskuchen oder, wie wir, dieses sehr leckere Dreikönigsbrot. Darauf freuen sich unsere Kinder das ganze Jahr über, denn im Inneren ist nicht nur feinste Schokolade, sondern in einem der kleineren Brötchen auch eine ganze Mandel versteckt. Daher beißen alle ganz vorsichtig Stück für Stück ihres Brötchens ab, denn wer die Mandel findet, darf den ganzen Tag über die wunderschöne gehäkelte Königskrone tragen. Und vielleicht hat man als König oder Königin an diesem besonderen Tag ja sogar den einen oder anderen Wunsch frei …

Zutaten

- » 500 g Dinkelmehl, Type 630
- » 1 Prise Salz
- » 4 EL Zucker
- » 1/2 Würfel frische Hefe
- » 250 ml Milch, lauwarm
- » 60 g Butter, weich
- » 50 g Schokolade, dunkel, gehackt
- » 1 Mandel, ganz
- » 1 Ei, gequirlt

DREIKÖNIGSBROT

1. Mehl, Salz, Zucker und Hefe in eine Rührschüssel geben. Lauwarme Milch und Butter dazurühren und zu einem weichen Teig verkneten. So lange gehen lassen, bis sich das Volumen des Teigs etwa verdoppelt hat.
2. Aus dem Teig 8 Kugeln à ca. 75 g formen, dabei in einer der Kugeln die ganze Mandel verstecken. Aus dem restlichen Teig eine große Kugel formen.
3. Auf einem mit Backpapier belegten Backblech in die Mitte die große Kugel und drumherum gleichmäßig die kleinen Kugeln legen. Abgedeckt nochmals ca. 30 Minuten gehen lassen. Mit dem verquirlten Ei einpinseln.
4. In dem auf 180 °C (Umluft) vorgeheizten Backofen ca. 20 bis 25 Minuten backen. Fertig ist das Dreikönigsbrot.

DREIKÖNIGSKRONE

Material

Größe: ca. 44 cm (ohne Verschlussbänder)

» Schachenmayr Catania (LL 125 m/50 g) in Gold (Fb 00249)
» Häkelnadel 4,0 mm
» 2-mal feine Goldkordel (20 m LL)
» Wollnadel

1. R: Mit Gold und der Kordel gleichzeitig häkeln. 66 Lm anschlagen, ab der 2. M von der Nadel aus 65 fM häkeln, 3 Wl (= 65 M)
2. R: 65 Stb häkeln, 1 Wl (= 65 M)
3. R: 65 fM häkeln, 1 Wl (= 65 M)
4. R: * 1 Km, 1 M überspringen, (3 Stb, 1 Lm, 2 Stb), 1 M überspringen, 1 Km, ab * 12-mal wiederholen (= 130 M)
Garn abschneiden und vernähen.

Fertigstellung

An beiden Seiten der Krone auf Höhe der mittleren M der 2. R mit Gold und Kordel zusammen 65 Lm anschlagen. Garn und Kordel abschneiden und am Ende der Lm-Kette verknoten. Die andere Seite vernähen.

MISTELZWEIG-BECHERCOSY MIT SCHOKOLÖFFELN

Jedes Weihnachten hängt in unserem Wohnzimmer ein Mistelzweig von der Decke. Der Tradition nach bekommen alle einen Kuss, die darunter stehenbleiben. Zudem gibt es für alle zusammen, bei einem gemütlichen Adventskaffee, eine heiße Milch mit einem schokolierten Löffel, der in die Tasse getaucht und so zu einem köstlichen Getränk wird. Zusammen mit dem zauberhaften gehäkelten Mistelzweig-Bechercosy sind die selbst gemachten Schokolöffel ein liebevolles Geschenk und eine schöne Möglichkeit, sich auch zwischendurch immer mal wieder ein Mistelzweig-Küsschen abzuholen.

Zutaten

» Kuvertüre, dunkel oder weiß
» Bunte Streusel
» Nuss-Krokant
» Schokotaler
» Mini-Marshmallows oder Ähnliches
» Verschiedene Löffel

SCHOKOLÖFFEL

1. Die Schokolade klein hacken und 2/3 der Schokolade in einem Wasserbad bei ca. 45 °C schmelzen. Das Wasser sollte nicht kochen und es darf kein Wasser in den Schmelztopf gelangen, da sonst die Schokolade klumpig wird.
2. Den Topf zur Seite stellen, den Rest der Schokolade unterrühren und mit einem Teelöffel auf die sauberen Löffel geben. Etwas warten und mit einem der Toppings bestreuen.
3. Die Löffel gut auskühlen lassen und schön verpackt verschenken.

Unser Tipp
Es gibt auch sehr hübsche Holzlöffel zu kaufen, die sich wunderbar für dieses Rezept eignen. Ein kleines Set davon ist ein tolles Geschenk und die eigenen Löffel bleiben weiterhin im Besteckkasten.

MISTELZWEIG-BECHERCOSY

Material

Größe: ca. 9 cm

- Schachenmayr Merino Extrafine 120 (LL 120 m/50 g) in Wolke meliert (Fb 00156)
- Schachenmayr Catania (LL 125 m/50 g) in Moos (Fb 00412) Natur (Fb 00105)
- Häkelnadel 2,0 mm und 3,0 mm
- Knopf, Durchmesser ca. 2 cm
- Wollnadel

Cosy

1. R: Mit der 3,0 mm Häkelnadel in Wolke meliert 42 Lm anschlagen, ab der 3. M von der Nadel aus 40 hStb, 2 Wl (= 40 M)
2.–7. R: Jeweils 40 hStb häkeln, 2 Wl (= 40 M)
8. R: 40 hStb häkeln (= 40 M)

Garn nicht abschneiden. Beginnend mit einer Steige-Lm den Cosy mit fM umhäkeln (in den Ecken 3 fM). Auf einer der kurzen Seiten mittig dabei eine Schlaufe häkeln: 18 Lm, direkt daneben einstechen und weiter mit fM umhäkeln.
Cosy nun mit einer zweiten Runde fM umhäkeln (in die Ecken 2 fM), dabei auch in die Lm der Schlaufe fM häkeln. 1 Km.
Garn abschneiden und vernähen.

Mistelzweig

In Moos mit der 2,0 mm Häkelnadel 24 Lm anschlagen, ab der 3. M von der Nadel aus 1 hStb, 6 Stb, 1 Km, 11 Lm anschlagen, ab der 3. M von der Nadel aus 1 hStb, 6 Stb, 2 Km.
Weiter entlang der Lm-Kette häkeln: 6 Km, 11 Lm anschlagen, ab der 3. M von der Nadel aus 1 hStb, 6 Stb, 2 Km.
Weiter entlang der Lm-Kette häkeln, 7 Km.
Garn länger abschneiden.

Beeren (3-mal häkeln)

1. Rd: In Natur mit der 2,0 mm Häkelnadel 6 fM in einen Magic Ring häkeln (= 6 M)

2. Rd: 6 fM häkeln (= 6 M)

Garn länger abschneiden. Mit der Wollnadel durch alle 6 vorderen M-Glieder fädeln, zusammenziehen und vernähen.

Fertigstellung

Mistelzweig auf dem Cosy festnähen. Die drei Beeren darauf festnähen. Gegenüberliegend der Schlaufe den Knopf festnähen.

Kleine Häkelschule

Fast alle Häkelarbeiten beginnt man mit einer Reihe von Luftmaschen. Diese Maschen entsprechen dem Maschenanschlag beim Stricken. Luftmaschen werden auch dazu verwendet, die Nadel am Reihenende auf die richtige Höhe für die nächste Reihe zu bringen. Anfangs werden Sie vielleicht etwas Mühe haben, die Fadenspannung gleichmäßig zu halten, aber es ist wichtig, dass alle Luftmaschen die gleiche Größe haben und weder zu fest noch zu locker geraten. Mit ein wenig Übung gelingt das aber immer besser.

Abkürzungen für die Häkelarbeiten

R Reihe
Rd Runde
Lm Luftmasche
Km Kettmasche
fM feste Masche
hStb halbes Stäbchen
Stb Stäbchen
dStb doppeltes Stäbchen
Wl Wendeluftmasche

In diesem Buch werden alle Arbeiten, die in Rd gehäkelt werden, in Spiralrunden gehäkelt, das heißt, anstatt die Runde mit einer Kettmasche zu beenden, werden die Runden fortlaufend gehäkelt.

GRUNDTECHNIKEN HÄKELN

ABNEHMEN UND ZUNEHMEN

Beim *Zunehmen* häkelt man in die entsprechende Masche der Vorreihe eine oder mehrere feste Maschen hinein. So verfährt man auch, wenn eine enge «Kurve» zu überwinden ist. Heißt es in der Anleitung beispielsweise: «5 M einigermaßen gleichmäßig über die Rd verteilt zunehmen bzw. abnehmen», so sollte man u. a. darauf achten, dass die Zunahmen bzw. Abnahmen nicht zu dicht aufeinander folgen. In den darauffolgenden Runden vermeidet man möglichst, dass die Zunahmen bzw. Abnahmen direkt übereinander zu liegen kommen.
Beim *Abnehmen* wird eine Masche der Vorreihe übersprungen, dann wird ganz normal weitergehäkelt. Man kann auch die zu überspringende Masche füllen, indem man in sie einsticht, nur eine Schlinge hochholt und dann die folgende feste Masche mit der Schlinge zusammen abmascht. So kann sich kein Loch bilden und das Maschenbild erscheint voller, dichter.

AUFHÄKELN

Möchte man z. B. eine kontrastierende Kontur aufhäkeln, braucht man einen gleichmäßigen Häkeluntergrund, am besten aus festen Maschen. Man sticht dann mit der Häkelnadel in die Lücken zwischen den Maschen ein und holt neue Schlingen mit neuem Faden hoch.
Arbeitet man mit Kettmaschen, so ergibt sich ein Erscheinungsbild wie bei einer gestickten, flachen Schlingstichreihe. Werden dagegen feste Maschen aufgehäkelt, so entsteht eine leicht erhabene, festere Linie.

ANSCHLAGEN EINER LUFTMASCHENKETTE

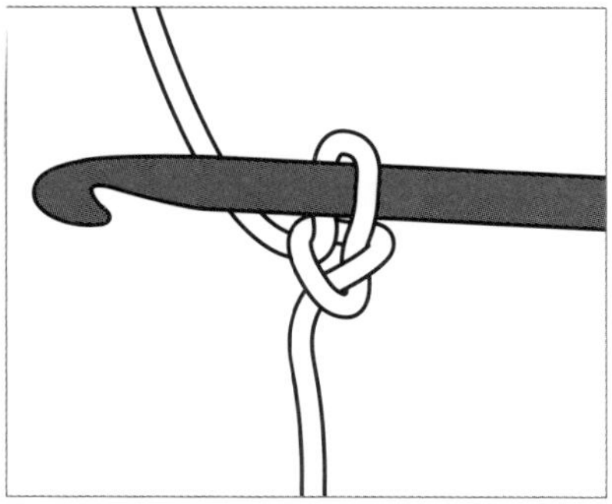

Man bildet eine Anfangsschlinge. Den Faden hält man mit der linken Hand und achtet gleichzeitig darauf, das Fadenende gut zu spannen. Da der Faden auf der Rückseite der Häkelnadel liegt, dreht man den Haken vom Körper weg.

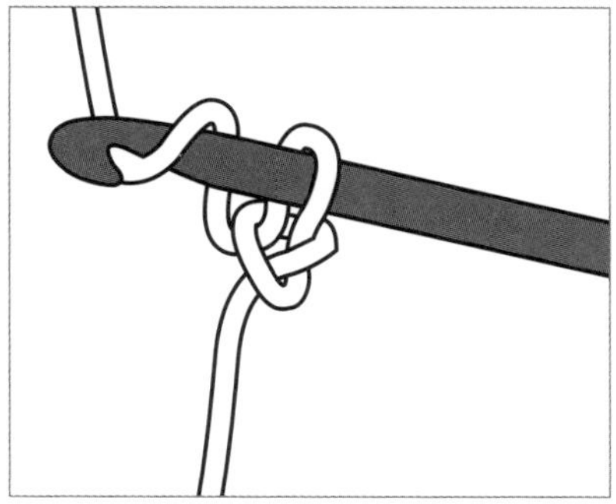

Nun legt man die Häkelnadel an den Faden an und dreht den Haken gegen den Uhrzeigersinn, sodass sich der Faden um den Haken legt. Am Ende dieses Arbeitsschritts weist der Haken nach unten.

Der Faden wird hierbei durch die Anfangsschlinge oder durch die Masche auf der Häkelnadel gezogen: Darauf achten, dass der Faden ständig unter Spannung gehalten wird.

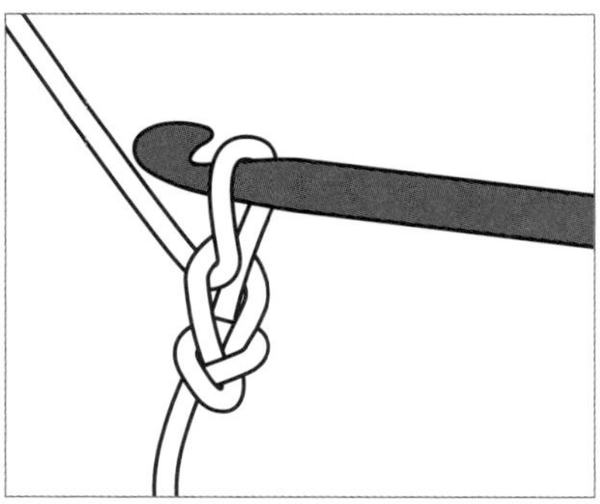

Man dreht die Häkelnadel in die entgegengesetzte Richtung, sodass der Haken nach oben weist und die neue Masche auf der Nadel liegt.

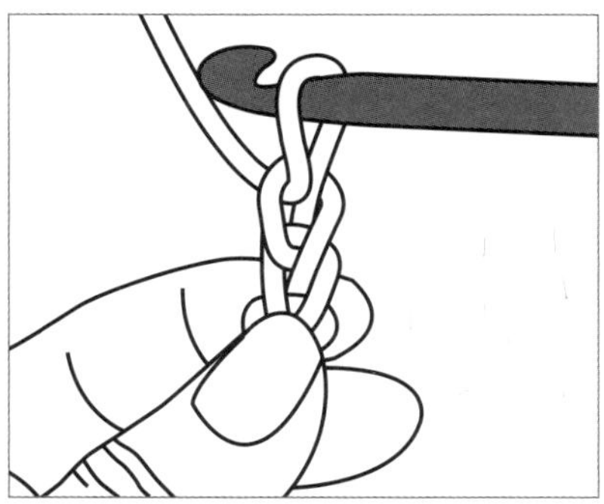

Den Vorgang fortlaufend wiederholen, um weitere Luftmaschen zu bilden. Nach einigen Maschen muss man mit den Fingern der linken Hand nach oben nachrücken, damit der Faden richtig gespannt wird. So können so viele Luftmaschen wie benötigt angeschlagen werden.

KETTMASCHEN

Kettmaschen werden vor allem dazu eingesetzt, von einem Punkt der Häkelarbeit zu einem anderen vorzurücken, oder um die Häkelrunde zu schließen. Da die Masche sehr niedrig ist, wird kaum je ein ganzes Teil aus Kettmaschen gearbeitet.

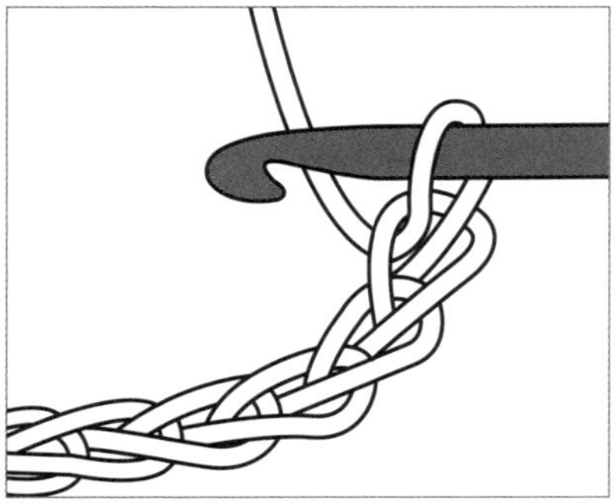

Man schlägt eine Luftmaschenkette in der nötigen Länge plus 1 Wendeluftmasche an. In die 2. Luftmasche von links einstechen.

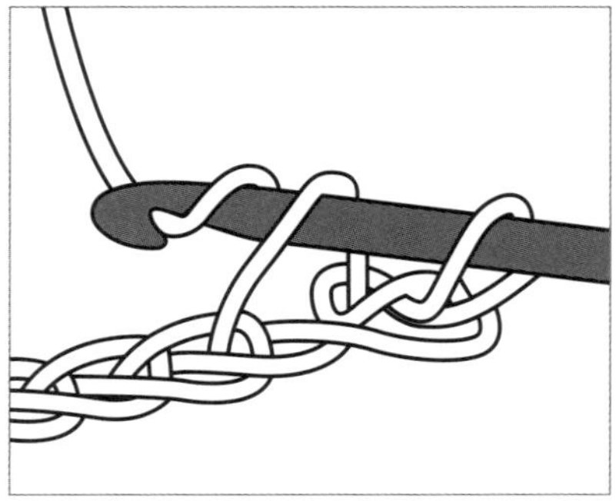

Die Häkelnadel so hinter dem Faden herumführen, dass der Faden sie oben kreuzt. Man dreht nun die Nadel gegen den Uhrzeigersinn und erfasst den Faden mit dem Haken.

Den Faden durch beide Schlingen auf der Häkelnadel ziehen. Um weiterzuhäkeln, muss man die Häkelnadel in die nächste Luftmasche einstechen und den Vorgang wiederholen.

FESTE MASCHEN

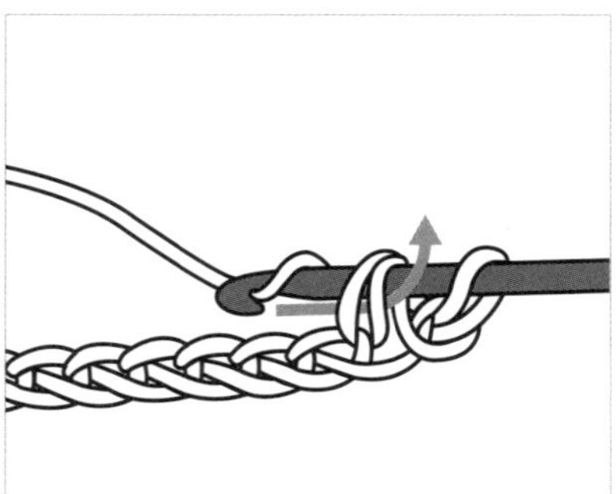

Man erfasst den Faden mit der Häkelnadel und zieht ihn durch die Luftmasche, sodass nun 2 Schlingen auf der Nadel liegen.

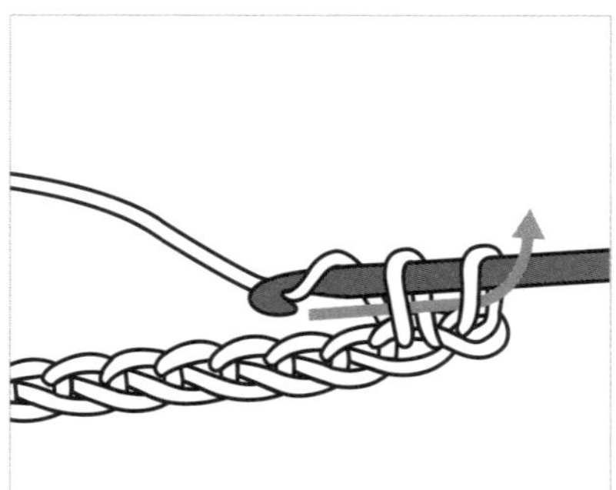

Den Umschlag durchziehen. Den Faden legt man um die Nadel und zieht ihn durch beide Schlingen.

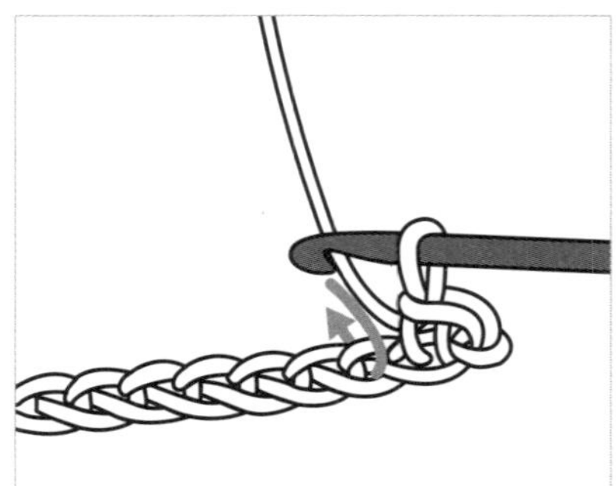

Nun ist die 1. feste Masche fertig. Die Schritte 1 und 2 werden so oft wiederholt, bis die Reihe beendet ist.

STÄBCHEN

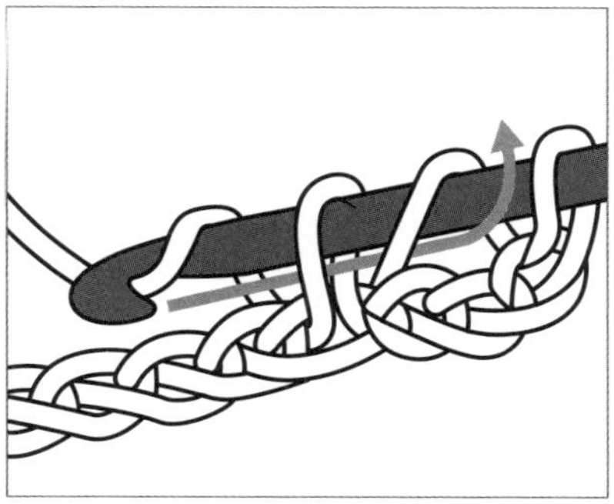

Man legt einen Umschlag um die Nadel und sticht in die vorgesehene Masche ein. Dann legt man den Faden nochmals um die Nadel und zieht ihn durch die Masche. Den Faden wieder um die Nadel legen.

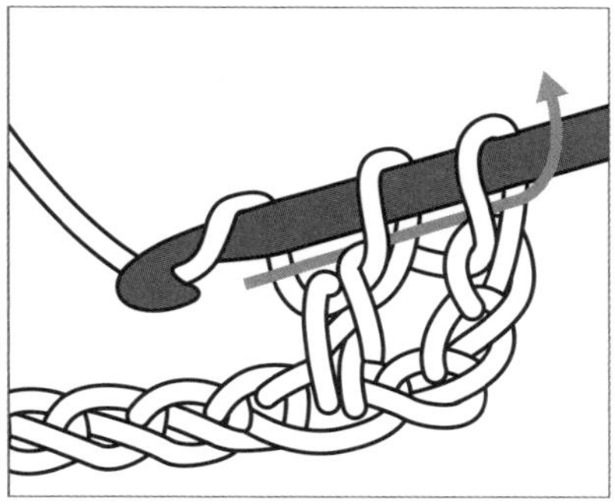

Diesen Umschlag zieht man durch zwei auf der Nadel liegende Schlingen. Den Faden wieder um die Nadel legen.

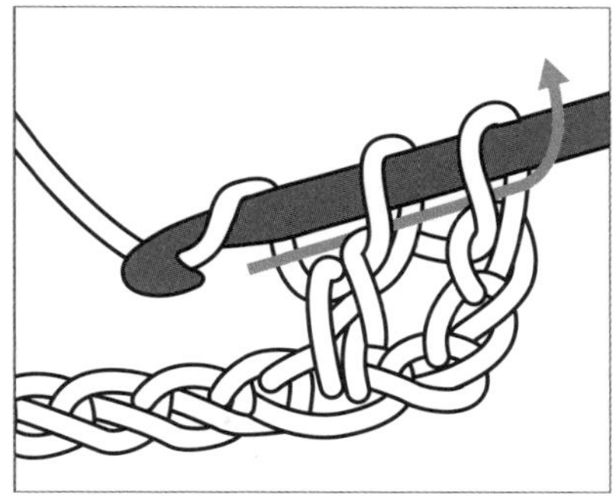

Diesen Umschlag zieht man durch beide Schlingen. Das Stäbchen ist fertig. Die Schritte 1 bis 3 wiederholen.

HALBE STÄBCHEN

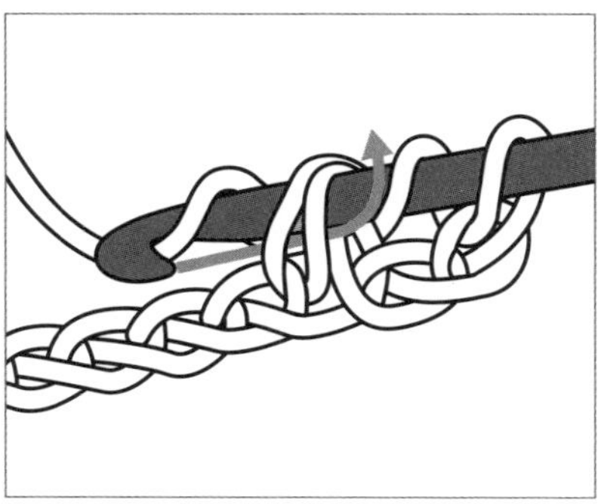

Man legt einen Umschlag um die Nadel und sticht in die vorgesehene Masche ein. Den Faden um die Nadel legen und diesen Umschlag durchziehen.

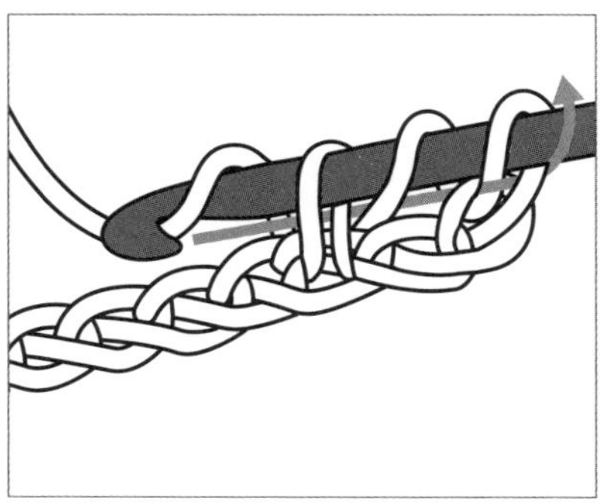

Den Faden wieder um die Nadel legen und den Umschlag durch alle Schlingen ziehen.

Nun ist das 1. halbe Stäbchen fertig. Die Schritte 1 und 2 so oft wiederholen, bis die Reihe beendet ist.

TANJA BERLIN

www.zuckersuesseaepfel.de
@zuckersuesseaepfel

Die Autorin, Erzieherin, Diplom-Sozialpädagogin und Bloggerin ist Mutter von drei Kindern und verheiratet mit ihrer Kindergartenliebe. Zusammen mit ihrer Familie, ihren Hühnern und Kaninchen lebt sie im schönen Lübeck in einem rot-weißen Haus mit einer verzauberten Elfentür an der Treppe und Apfelbäumen im Garten.
Sie liebt die Mischung aus natürlichem Holz und dem skandinavischen Wohnstil, kombiniert Filz und fantasievolle Jahreszeitentische mit schwedischen Blumenmustern und karierten Stoffen. Schon als kleines Kind baute Tanja Berlin sich ihre Puppenhäuser aus Schuhkartons selbst, werkelte, nähte und bastelte immer wieder Neues. Sie schrieb in der Ausbildung ihr erstes Kinderbuch und entwickelte im Studium eigene Spiele.
Nach der Geburt ihrer Tochter bekamen Freunde und Familie fast täglich neue genähte, gebastelte und gefilzte Werke zu sehen. Um diese Ideen mit vielen Menschen zu teilen, schreibt sie seit 2012 auf ihrem Familien- und Reiseblog «Zuckersüße Äpfel» regelmäßig über besondere DIY-Ideen, leckere Familienrezepte, schöne Dinge für Groß und Klein, besondere Erlebnisse mit Kindern, individuelle Familienreisen und ihre Tiere. So entstehen immer wieder neue und inspirierende Ideen für die ganze Familie.
Besuchen Sie Tanja auch auf Instagram und Facebook und ihren kreativen Familien- und Reiseblog.
Und wenn Sie mehr von der «Zuckersüße Äpfel»-Familie sehen möchten, gibt es auf dem Blog auch einen zauberhaften Film von ihnen.

DOERTHE EISTERLEHNER

@frau_apfelkern

Geboren in Tübingen, aufgewachsen im grünen Hamburger Umland, entdeckte sie schon als Kind das Häkeln und Stricken für sich. Nach ihrem Studium der Kinderbuchillustration in Hamburg arbeitete sie mehrere Jahre als Künstlerin in Berlin. Auch hier waren Gestricktes und Gehäkeltes Teil ihrer Kunst. Die Sehnsucht nach frischer Luft und ruhiger Natur führte Doerthe Eisterlehner mit ihrer Familie nach Lübeck. Dort tauschte sie Pinsel und Staffelei gegen Wollkorb und Häkelnadeln ein. Und so sind ein Korb voller Wolle und Häkelnadeln immer dabei, wenn sie unterwegs ist. Am liebsten allerdings häkelt sie bei schönem Wetter im Garten unter ihrem Lieblingsapfelbaum oder bei einem Picknick an der Wakenitz. Und natürlich im Winter am knisternden Kaminofen. Wenn es das Wetter zulässt und sie nicht häkelt, sieht man sie im Garten werkeln, ihre vier Hühner füttern und seit neuestem stundenlang in Ton versunken töpfern.
Seit 2015 zeigt sie bei Instagram ihre kunterbunten Häkelfantasien und hat mehrere Häkelbücher veröffentlicht.

SOPHIE-LOUISE KLEILE

www.sophielouisekleile-fotografie.de
@sophielouisekleile_fotografie

Sophie-Louise Kleile ist Mama von drei quirligen, zauberhaften Kindern und Familienfotografin von ganzem Herzen. Sie liebt es, Erinnerungen zu schaffen und besonders auf die kleinen Alltagsmomente zu achten, die Bilder mit so viel Liebe und Leben füllen und ganz wundervoll emotional machen.
Neben Familiengeschichten sind Geburtsreportagen ihre große Leidenschaft.
Sophies Wurzeln liegen im Schwarzwald, doch inzwischen genießt sie mit ihrem Mann das kreativ-chaotische Familienleben in Lübeck.

VON GANZEM HERZEN DANKE …

an den Verlag Freies Geistesleben, der mit mir nun schon das vierte gemeinsame Buch umsetzt und immer mit so viel Herz, Geduld sowie Rat und Tat zur Seite steht. Es ist eine große Freude mit Euch zusammenzuarbeiten.

An meine Freundin Doerthe, die nicht nur seit Jahren meinen Blog mit ihren zauberhaften Häkelanleitungen bereichert, sondern nun auch dieses gemeinsame Buchprojekt auf die Beine gestellt hat. Die Kombination aus ihren Häkelideen und meinen Rezepten und Kreatividee machen dieses Buch zu einem ganz besonderen Schatz.

An unsere Fotografin Sophie-Louise Kleile, die mit einer Engelsgeduld viele, viele Stunden mit uns die Fotos für all diese schönen Dinge hier im Buch gemacht hat. Auch wenn das Licht immer wieder verrücktspielte und wir die Bilder unzählige Male wieder umstellten, sie hat nie ihr Lächeln und ihre Freude an der Arbeit verloren und uns diese vielen wunderschönen Fotos im Buch gezaubert.

An all die Leserinnen und Leser von meinem Familien- und Reiseblog «Zuckersüße Äpfel», die nun schon seit über zehn Jahren täglich auf meinem Blog, auf Instagram, Facebook und Pinterest so zahlreich vorbeischauen. Ohne Euch würde all die Arbeit nur halb so viel Spaß machen und ich bin froh, dass es Euch alle gibt.

Und ein großes Dankeschön an meine drei Herzenskinder und meinen Mann Daniel. Für die reflektierenden und stärkenden Worte meiner Tochter, die sich alles ganz genau angeschaut hat und ihre Ideen mit einbrachte. An meine beiden Jungs, die immer wieder so schön miteinander spielten, damit wir arbeiten konnten. Und die zusammen mit meiner Tochter einfach die besten und kritischsten Testesser sind. Erst als es für sie perfekt war, durfte das Rezept in das Buch. Ich danke Euch von Herzen für Eure Liebe und Unterstützung.

Eure

Tanja

UND AUCH VON MIR
EIN RIESIGES DANKESCHÖN …

an den Verlag Freies Geistesleben. Ich freue mich so sehr, dass Ihr es ermöglicht habt, dieses Herzensprojekt mit meiner Freundin Tanja zu realisieren.
An meine Freundin Tanja. Es hat so viel Spaß gebracht, sich mit Dir die wunderbaren Dinge für unser Buch einfallen zu lassen. Wir beide haben uns perfekt ergänzt, sodass die Ideen nur so sprudelten.
An die liebe Dorota Federer, die meine Anleitungen alle noch mal durchgehäkelt und berichtigt hat, wenn das böse kleine Fehlerteufelchen zugeschlagen hatte. Ich danke Dir für die großartige Unterstützung.
An die Fotografin Sophie-Louise Kleile, dass sie in stundenlanger Arbeit mit so viel Liebe wunderwunderschöne Fotos für unser Buch gemacht hat.
An die Firma Schachenmayr, die mich mit ihren herrlichen Garnen versorgt hat, damit die Häkelideen überhaupt zum Leben erwachen konnten.
Und nicht zuletzt ein ganz, ganz liebes Dankeschön an meine Familie, die mich jetzt so lange mit diesem Buchprojekt teilen musste und mir geholfen hat, wo sie konnte. Ich liebe Euch!

Eure
Doerthe

1. Auflage 2022

Verlag Freies Geistesleben
Landhausstraße 82, 70190 Stuttgart
www.geistesleben.com

ISBN 978-3-7725-3136-1

Fotos: Sophie-Louise Kleile
Gestaltung & Satz: Bianca Bonfert
Druck: DZS Grafik, Ljubljana
Printed in Slovenia

MIX
Papier aus verantwortungsvollen Quellen
FSC® C106600

Klimaneutral
Druckprodukt
ClimatePartner.com/13357-2202-1003

Mehr Ideen für ein kreatives Leben:
bit.ly/3PH4oRJ

Bleiben Sie mit unserem Newsletter auf dem Laufenden:
bit.ly/3NwkUmi

Die Jahreszeiten sind nicht nur in der Natur zu spüren, wir können sie auch erleben, indem wir basteln, werkeln, kochen und backen. Tanja Berlin lädt zum kreativen und genussvollen Erleben des Jahreslaufes mit der ganzen Familie ein – mit Liebe zum Detail und durch ihre skandinavischen Wurzeln mit einem Gespür für Stil und Ambiente.

143 Seiten,
gebunden, durchgehend farbig
ISBN 978-3-7725-2825-5

Man soll die Feste feiern, wie sie fallen, heißt es schon in einem alten Sprichwort – und Gelegenheiten dafür lassen sich das ganze Jahr über finden. Tanja Berlin zeigt in ihrem Buch, wie sich durch einfache, aber schöne Deko-, Spiel-, Bastel- und Rezeptideen Feste ohne übermäßigen Aufwand und hohe Kosten verwirklichen lassen.

143 Seiten,
gebunden, durchgehend farbig
ISBN 978-3-7725-2849-1

Seit Agate, Alma und Adele – die drei Zwerg-Cochin-Damen – in Tanja Berlins Garten ein Zuhause gefunden haben, ist mit ihnen große Freude und munter gackerndes Leben eingezogen. Die Autorin teilt in diesem Buch Leidenschaft und Kreativideen rund ums Futter, die Tierhaltung und das passende Ambiente, denn: Das Glück legt manchmal Eier!

143 Seiten,
gebunden, durchgehend farbig
ISBN 978-3-7725-2967-2